人生は勉強より「世渡り力」だ！

岡野雅行
岡野工業 代表社員

青春出版社

「腕さえあればやっていける」と思ってないか？

はじめに

「痛くない注射針」（166ページ参照）くらいから、世界一の職人なんて言ってもらうようになってね。まぁ俺からは言ってなくて、言われっぱなしなんだけどさ。

蚊と同じ太さの針をつくったなんていうと、「一に技術、二に技術、三、四がなくて五に技術！」なんて言いそうなオヤジって感じがするだろ？

たしかに技術、腕は大事だし、そのための勉強はしとかなきゃ、話にならないよ。

でも、それと同じくらい大事だと自信を持って言えるのが「世渡り力」なんだ。

どんなにいい腕を持ってても、それだけじゃダメ。「世渡り力」がなきゃ、仕事も人生もゼッタイうまくいかないよ。

ヘラヘラおべっか使ったり、人を騙《だま》したり陥《おとしい》れたりして自分だけ得をするような、うすっぺらい「世渡り上手」をすすめてるんじゃないよ、それほど世の中甘かない。「人と情報のマネジメント力」って意味だ。言ってみれば、仕事の運命を決めるような決定的情報を入手するには、人と情報をどう使って、動かせばいいか、自分はどう動けばいいかといったことだよな。

たとえて言えば、太平洋戦争のミッドウェー海戦。日本軍の暗号を解読した米軍が上空で待ち構えていると、まるで「どうぞ撃ち落として下さい」と言わんばかりに、日本軍機が下方に現れた。まさか米軍機が大挙して真上から襲いかかってくるとは思っていない日本軍は大混乱、壊滅的な敗北を喫し、戦局は一気に日本の不利へと傾いただろ。

どんなに日本海軍のパイロットの腕がよくても、情報で負けたんだよ。それは米軍も同じだ。腕がいいだけじゃ勝てなかっただろう。

まぁこれは「決定的な情報」の例だけどな。

どんなに頭がよくていい腕を持っていても、

「この会社は来年、この業界から撤退する」

とか、

「いまウチが一〇〇円でやっているこの仕事を、A社は一五〇円でやっている」

っていう決定的な情報を持っているのといないのとじゃ、運命が変わっちゃうだろう?

「人と情報のマネジメント」って言ったけど、こういうのをいかに入手するか、そのためにはどんな人とどうつきあっていけばいいのかってことだよ。

具体的なエピソードや発想、ノウハウは本文にあるけど、大事なのはこういうことだ。

- **重要な情報が飛び交う集まりに「あいつを呼ぼう」と言われるには?**
- **人に「あいつは面白い」と思われるには?**
- **上の立場の人を動かす方法**
- **一円もかけず、お願いもせず、相手が自分をPRしてくれる方法**
- **何倍にもなって返ってくるお金の使い方**
- **言いにくいことをキッチリ伝え、意見を通す方法**
- **お金がなくても一流どころとつきあう方法**

それから、皆も分かってると思うけど、世の中善人ばかりじゃない。俺も、人にはいつも泣かされてきたよ。だから次のような「世渡り力」も、ゼッタイに必要だ。

・自分のアイデア・ノウハウを守る
・「前例がない」を盾《たて》にとる人を突き崩す
・ナメてくる相手を返り討ちにする
・権威をカサに着てくる人をギャフンと言わせる

こういうことは「勉強」じゃ学べないだろう?

あなたのまわりにも、いい腕を持ってるのに、いい大学を出て頭もいいのに評価されない人は、たくさんいるんじゃないかな? そういう人を山ほど見てきて、「俺もそうなっちゃたまらねえ!」と思った。だから若いころから、どうすれば腕を最大限生かせるか考えてきたよ。

俺は下町の金型屋の二代目。学歴もカネも何もない、ないないづくしの人間だった。そのままいけばいまごろ仕事はジリ貧、工場だってどうなってたか、分かったもんじゃないね。

学校は大っ嫌いで幼稚園も三日で中退、勉強はからっきしって人間だったけど、いろんな人にもまれて「世渡り力」はたっぷり鍛えてきた。まわりにいつもいい人たちが集まってくれるのも、仕事を思い通りに思いっ切りできるのも、そのおかげなんだよ、ほんとの話。

「自分をアピールするなんて……」

「わざわざ〝世渡り〟に力を注ぎたくないな」

なんてヌルイこと言ってると、おいしいところをゴッソリ他人に持っていかれちゃうぞ。俺みたいに子供の頃からでなくたって、知っているだけでもずいぶん見方、考え方が変わるもんだ。

皆さんにはぜひ「世渡り力」を武器に、じゃんじゃんおいしい思いをしてほしい。

東向島にて

岡野雅行

人生は勉強より「世渡り力」だ！

目次

４章　仕事の〝敵〟から身を守る「世渡り力」　99

6章　どこでも生きていける「腕」の鍛え方　165

写真撮影　蘆田　剛

1章

〝おいしい情報〟を手に入れる「世渡り力」

腕だけじゃダメなんだ！

俺のことを職人の代表みたいに言う人がいるけど、じつはそうじゃねぇんだよ。典型的な職人ってのは、ものも言わない、人づきあいもしないで、ただただ自分の腕を磨いて、いいモノをつくることで満足してるもんなんだ。昔はそんな職人ばっかりだったし、いまだって少なくないよ。

でも俺はそうじゃない。自分から人のなかに入っていくし、しゃべりにだって自信がある。うちの社員なんか、「しゃべりすぎじゃないか」って心配するほどだよ。俺はいつも言ってやるんだ。

「おまえらがしゃべらなくて、俺までしゃべらなかったらどうすんだよ。仕事なんか来やしねぇぞ、コノヤロウ！」

仕事を成功させたいんだったら、しゃべらなきゃダメだよ。技術の説明ひとつするんだって、ヘタなしゃべりじゃ、まどろっこしくて聞いてられない。相手に合わせてポイントをかいつまんで、ちゃちゃっと説明するから、「こいつは使える！」ってことになるんだよ。

人づきあいをうまくこなせないようじゃ、信用だってしてもらえないし、かわいがってもらえないね。「あいつを呼んでも、ただいるだけでロクに話もしないし、もう呼ぶ意味がないな」ってことになったら、情報交換だってできなくなるだろ。ほうぼうから声がかかるってことが大切なんだ。

俺はいろんな会社から、「こんな製品をつくったから、こんな設備を入れたから、見に来なよ」なんて声をかけてもらえる。行って見てると、勉強になるんだ。すぐに役に立つってもんじゃないけど、何年か後に仕事をしていて、「おっ、あのとき見た技術がここで使えるんじゃないか」ってことがよくあるんだよ。

自分の仕事場にデンとかまえてるだけじゃ、発想もアイデアも頭打ちになっちまうだろう？

新しい技術を開発するにも、時代に即応して儲けるにも、なんてったって情報だよ。それもメーカーが持っている最新の情報を知らなきゃいけない。メーカーの人たちは、いつも五年先、一〇年先を見てる。時代の流れが速いってことを肌で感じてるからね。その未来を見越して、製品の企画なんかをいろいろ考えるわけだ。だけど、実際に製品化するとなると、新しい技術が必要になってくるんだよ。そこで、

「岡野さんのところで、こんな技術を開発できないか」

「この部分がつくれると、製品化に大きく前進するんだけど、なんとかならない？」

なんて話が出てくるんだ。こんなおいしい情報はないね。こっちがそれなりのものを開発すれば、絶対に需要があることが分かってるんだからさ。はっきり言えば、「どうぞ、儲けてください」って情報だよ。

人と話すのは面倒くさい、人づきあいは煩わしいなんて言ってたら、いい情報は入ってこないし、成功なんてどっかに行っちまうよ。

成功するには、しゃべって、人とつきあって、先端情報をとりこぼさない人間にならなきゃいけない。それには「世渡り力」を鍛えるしかないんだ。

世渡り力ってのは、こすっからく生きていく、安っぽい手練手管なんかじゃないぞ。人間の機微を知り、義理人情をわきまえ、人さまにかわいがられて、引き上げてもらいながら、自分を最大限に生かしていく〝総合力〟なんだよ。

「人づきあいは煩《わずら》わしい」
なんて言ってるヤツに
いい情報は寄りつかないぞ

「他人に儲けさせる」が仕事の急所だぞ

俺のことを「金型の魔術師」なんて言ってくれる人がいる。技術を認めてくれるのは、そりゃあ、悪い気はしないね。でもね、技術なら俺より上の職人はいくらでもいるよ。謙遜でも何でもないんだ。正直、俺は技術力で一番なんて思ってないよ。

はっきり言うけど、技術力だけじゃダメなんだな。それと同じくらい大事なのは情報収集力だよ。

情報収集力がないと、仕事の選び方も間違えちまうし、こまかい話、値段のつけ方だって失敗しちゃう。

それじゃ、仕事がうまく回るはずがないだろ？　適正な値段をつけて、きっちり稼ぎ、利益を的確に先行投資していく。ホントに大事なのはそこだな。

もちろん、待ってたって情報なんか集まっちゃこない。つねに大企業の人間とつきあっ

ていないとダメ。最新情報の発信基地は、やっぱり大企業だからね。

大企業の第一線にいる人たちと話してると、技術がどんな方向に進んでるとか、最新の素材開発はどんな段階なのかとか、俺たちにとって〝お宝〟みたいな情報が入ってくるんだ。現場の切実な悩みなんかも分かるんだよ。

これ以上の強みはないね。だって、情報があれば、こっちがどんな技術力を提供すればいいかも分かるし、その技術力ならどのくらいの値段で買ってくれるかも分かる。値段のつけ間違いなんて起こらない。でも、情報不足じゃそうはいかないよ。

「こんな値段つけたら高すぎやしないか？　けど、これじゃ安すぎないかな？」

と、どうしても相手の顔色を窺《うかが》うことになる。その結果、せっかくの仕事がポシャったり、利益が出ない仕事をやらなきゃいけないハメになったりするわけだよ。俺のところは、社員四人の町工場だけど、どんな大手企業の担当者とだっていつも互角。五分と五分で渡り合って値段交渉をしてる。

情報を押さえてるんだから、顔色なんか見る必要は、まったくねぇもん。

相手が筋を通さなけりゃ、ケンカだってする。ハナから五分と五分なんだし、まっとうなのはこっちなんだから、遠慮なんかする必要はどこにもないよな。泣き寝入りなんて死んでも御免だね。言いたいことは何度でも言うし、相手がまともな対応をしなきゃ、いったん納めた金型だってはずしに行くもん、俺は。

適正な値段で仕事をすれば儲かるよ。だけど、自分だけ儲けようなんて狭い了見じゃいけない。仕事を持ち込んでくれた人、仕事がまとまるまでに尽力してくれた人……あらゆる関係者にしっかり、利益を還元しなきゃダメだよ。

商売の一番のポイントは、他人を儲けさせることだって、俺は思うね。「金は天下の回りもの」って言葉があるけど、回ってきたお金をよそさまに回すから、また、自分のところに回ってくるんだよ。欲出して抱え込んじまったら、それっきり回ってこなくなるもんなんだ。

周囲を儲けさせれば、皆が、「岡野に仕事を取らせようぜ」ということになるだろ。黙ってたって仕事は膨らんでいくんだよ。俺んところも儲かる、間に入った人も儲かる、仕事を出したほうも儲かる。そんな「三方一両得」をいつも考えてなきゃな。

お裁きは「三方一両損」の大岡越前流がいいのかもしれねぇけど、商売にかぎっては、「三方一両得」が極意だよ。

お金を惜しんでたんじゃ、情報収集だってできない相談だ。接待はどうだこうだっていいわれるけど、俺はするね。岡野工業には年がら年中、遠いところから仕事の関係者が足を運んでくれる。わざわざ来てくれてる〝客人〟をただ帰したら、江戸っ子の名折れってもんだろ。うまいもんをたらふく食ってもらって、気持ちも腹も大満足で帰ってもらうのが俺の流儀なんだ。

だけど、相手に気持ちの負担をかけるのは粋《いき》じゃない。接待の席で、俺は必ず釘を刺しておくことにしてるんだ。

「ここのお代は一時俺が立て替えとくだけだから、遠慮なんかしないで、どんどん食ってくれ。食い切れなきゃ、みやげに包んで持って帰ってくれてもいいよ」

俺が奢《おご》るわけじゃない、かかった分は仕事や情報できっちり元を取るんだから、気にすることぁないんだよ、と一言いっとけば、相手は気分がラクだろ？　一晩で二〇万円、三〇万円使うことだって珍しくないけど、「どのくらい発注があったら、回収できるかな？」なんてケチなことを考えちゃダメなんだ。

「きょうは楽しかったな。岡野のおやじ、つきあうとおもしろいじゃないか」

そう感じてもらえば十分なんだよ。釣りでいうコマセ（撒《ま》き餌《え》）を、「こんだけ撒いて、鯛《たい》が三枚上がらなきゃ、元は取れないな」

なんて考えて撒くやつがいるかい？　釣果は二の次、その場は損得抜きで、豪気にパッと撒いてこそのコマセだろ。

俺はそんなつきあいこそが「世渡り力」だと思ってるんだ。世渡りなんていうと、いつも損得勘定ばかりして、得なほうだけに動いていくみたいな感じがするかもしれないけど、違うね。

一番価値があるのは、情報を持っている人間なんだよ。だったら、その人間にお金を注《つ》ぎ込むのは当然じゃねぇか。

何とかお金をかけないで情報を得ようなんて考えるから、最高の情報源である人間にそっぽを向かれちまうんだよ。人間を大切にする。大切にするためのお金は惜しまない。それが世渡り力の原点だな。

〝打ち合わせ〟ではお宝情報は出てこない！

いちばん確かな情報が入ってくるのは、人づきあいの中でだってことは、誰でも分かってる。だけど、人づきあいをうまく続けていくのは、けっこう難しいもんなんだ。

独り者でいるうちはいいんだよ。「飲みに行くぞ」って言われれば、「待ってました」となるし、「温泉でも行くか？」とくれば、「いいねぇ」と応じられる。

だけど、結婚するとガラッと変わるヤツがいるだろ。ここから女房と二人、新しい生き方をしようと決めたんだかなんだか知らねぇけどさ、それまでは誘われたら一〇〇パーセント顔を出してたもんが、結婚した途端、「俺はいいや（女房が待ってるから）」になっちゃう。出世できねぇな、そういう男は。

人づきあいをやめるってことは、情報が途切れるってことなんだ。急につきあいをやめたヤツに対する視線は厳しいよ。

「あいつはダメだ。あんなヤツ相手にしてたってしょうがねぇよ。勝手に女房とベタベタしてやがれってんだ、コノヤロウ！」

あったかくて平和な家庭が悪いってわけじゃないよ。だけど、平和なだけじゃメシは食えねぇからな。一〇〇から急にゼロにするのは、いかにも世渡りが分かってないというしかないね。いや、人間てもんが分かってないんだ。

少しずつやるんだよ。一〇〇を八〇に、八〇を六〇に……ってふうにやってきゃ、穏便につきあいを減らすことができる。〝穏便〟が大事なんだよ。

「あいつ、最近、顔出すことが減ったけど、まぁ、しょうがねぇよな。カミサンもらったら、前とおんなじってわけにはいかねぇよ。よく、つきあってるほうだよ。エライよ、あいつは！」

〝コノヤロウ〟が〝エライ〟になる。これなら、情報は前とおんなじように入ってくるね。

俺は結婚してからも遊んだよ、人づきあいは欠かさなかった。もちろん、女房はいい顔するわけないよな。だけど、言い含めた。

「意味もなく遊んでるわけじゃねぇんだ。将来、よくなるための布石なんだから」

将来を睨《にら》んで女房を説得できるのも、世渡り力だね。仲間とも穏便、女房とも穏便ってところに落ち着くまで四、五年かかったな。おかげで情報は途切れなかった。

いろいろな企業とつきあいのある仲間からの情報は貴重だ。なかには運命を決めるような情報だってある。

「あの企業は中国に工場を出す準備を進めていて、三年先には大幅な値引きを要求してくるだろう」

「あそこの企業は一〇年先を見すえて、こういう技術を求めている。それを開発したら、いくら高価でも買う用意があるらしい」

「あの業界では、この技術は一〇年後には陳腐化することが見えているらしい。もうこの商売は見切り時だ」

人づきあいをやめたばっかりに、そんな情報が入ってこなかったら、それこそ命運にかかわるんだ。いま仕事が大量に入って来ているからといって、それだけに目を向けていたら、値引きが必至な三年先のダメージは計りしれないってことになる。実際、そんなことでつぶれていった会社を、俺はたくさん見てるからね。

せっかく発注元の企業側に、「この技術にならば、金に糸目はつけない」という姿勢があっても、こちらがそれを知らないことには食い込みようがないよな。情報を得てこそ、必要な技術がどんなものかが分かるし、こっちも標的を誤らず技術開発に取り組めるんだ。
もう一度、言っとくよ。ほんとに貴重な情報ってのは、あらたまった場で出てくることはまずないね。打ち合わせをしましょう、なんてときは、その話に終始するもんだから、情報の〝ポロリ〟はないんだ。酒でも飲んで、ワイワイガヤガヤやってるときに、「そういえば、このあいだA社に納品に行ったときに、ちょっと耳に挟んだんだけどさ……」なんて極上な情報が出てくるわけさ。

だから、用があるときだけ会う、顔を出すっていうんじゃダメなんだよ。そんな他所《よそ》行きの顔同士を何度突き合わせてたって、気心知れた仲にはなれないしな。俺なんか半端じゃなく口が悪いから、

「バカヤロウ、てめえなんか二度と来るな！」

なんてことがしょっちゅうある。表面上のつきあいだけで俺の気質《たち》を知らなきゃ、それっきり怖くて来れなくなっちゃうだろ。だけど、ふだんから用がなくてもつきあって、俺がどういう人間かを飲み込んでりゃ、次の日にだって「こんちは」と平気な顔をして来られる。そしたらこっちも「てめぇ、よく来るな。お茶でも飲んでけ。じつはおもしろい話があってよ……」ってことにもなるんだ。これが世渡りってもんなんだよ、ほんとの話。

人づきあいにかかるお金を惜しむな

自分にとってほんとに価値がある情報は、人ととことんつきあって、その触れ合いのなかで掴《つか》むしかないんだ。

立場によって違うだろうけど、誰にだって向こうから勝手に入ってくる情報があるよな。社内の回覧とか、今ならメルマガとか。でもそれをありがたがってるようじゃダメだね。**勝手に向こうから入ってくる情報は、たいがい当てにならねぇもんだってことは、知っといたほうがいいよ。**

大企業が突然、経営危機に陥るってことがあるだろ。あれは上層部が、下から上がってくる情報を鵜呑みにしているのが原因だね。

考えてもみなよ。下は都合の悪い情報は知らせっこねぇんだから、それを鵜呑みにしちまったら、ほんとのところは何も見えない〝裸の王様〟になるに決まってんだよ。上層部が肝心な情報を持ってなきゃ、経営危機にだってなるし、倒産だって、して当然だろう?

俺はよく、好きな落語の「目黒の秋刀魚《さんま》」を引き合いに出すんだけど、あの「殿様」になってることが少なくない。噺《はなし》の大筋はこうだ。

なにしろ殿様だから、秋刀魚なんて庶民の食いものは生まれてこのかた、目にしたこともないわけだ。その殿様が遠乗りをして目黒郊外にさしかかると、めっぽういい匂いが漂ってきた。おまけにお供が弁当を忘れたもんだから、腹はいい具合に空いている。

殿様が何の匂いかを尋ねると、家来は、「あれは庶民が食する秋刀魚という下魚を焼く匂いです。殿が召し上がるようなものではございません」と言う。だけど、殿様だって背に腹は代えられないから秋刀魚を持ってこさせて食べると、これがまためっぽう旨い。

屋敷に戻ってからも、殿様は秋刀魚の味が忘れられない。

あるとき、親戚との集まりで好きなものが食べられると聞いた殿様は、秋刀魚を所望するわけだ。親戚側は日本橋の魚河岸からとびきりの秋刀魚を仕入れ、体に悪いからと蒸して脂を抜き、小骨が刺さっては大変と一本一本抜いて、ぐちゃぐちゃに崩れた秋刀魚を椀に入れて出した。

食べた殿様はあまりのまずさに、「これはいずれで求めた秋刀魚じゃ?」と家来に質《ただ》す。

「日本橋の魚河岸にございます」と答えた家来に、「それはいかん、秋刀魚は目黒にかぎる」と殿様が言うところが、オチになるんだ。

一番旨い脂を抜いた秋刀魚なんてな、情報でいえば三流情報、ガセネタだよ。下から上がってくるのは、せいぜいその程度の情報だって考えておいたほうがいいってのが、この落語の教訓だな。

同じ殿様でも、徳川家康はさすがにひと味違った。昼間、家来から上がってくる「天下は万事泰平にてございます」なんて役にも立たないおもねり情報は聞き流して、夜になってから、盗人など、市井を昼となく夜となく徘徊する、世俗にどっぷりまみれた輩をひそかに呼び寄せて、リアルな世間の情報を得ていたそうだな。情報の真贋《しんがん》を見きわめる眼力があった。そんな家康だから、江戸二六〇年余の礎を築けたんだろうね。

誰が価値ある情報を持っているかを、まず見きわめなきゃ、いくら情報を集めたって役には立たねぇよ。枯れ木は山のにぎわいくらいにはなるけど、ガセネタは束になるほど持ってたって、絶対、それ以上のものにはならないからな。

勝負はふだんから人づきあいにどれくらいお金を使っているかだ。情報が欲しいときだけ、「こんちは」と来るヤツに、重要情報をくれる人間がいるか？　いっこねぇだろ。そ

の時とくに仕事がなくても、話をしに行ったり、一杯奢《おご》ったりする。情報網はそうやってつくるしかないんだよ。

情報網が広がり、深まっていけば、そのとき自分に必要な情報を持っている人間も見えてくる。人間的なつきあいをしていれば、必ず、「あ・うん」の呼吸ってやつが醸成されてくる。その人の口から、さりげなく、

「今度うちでこんなプロジェクトが立ち上がることになったんだ。そちらの仕事にも関係があるんじゃないかな」

なんて情報が、自然にもたらされることになる。

人と人との触れ合いのなかで、さりげなく語られる情報は信用できる。もったいをつけて出てくる情報は、たいがい「目黒の秋刀魚」だから気をつけろよ。

2章

人を引き寄せ、動かす「世渡り力」

人が寄ってきやすい〝スキ〟をつくれ

世渡り力があるってことは、結局のところ、人づきあいの大事さを知ってるってことなんだ。だから、その人のまわりには人が寄ってくるし、神輿《みこし》にかついでくれて、大きな仕事もできるわけだよ。

逆に人づきあいを低く見てるのが、真面目一辺倒ってタイプだね。真面目をそんなにくさすつもりはないけど、だいいち人間としておもしろくねぇやな。**人と会いもしない、自分からは関わりを持とうともしないなんていう、〝孤高の真面目〟なんてイヤだね、俺は。**

それじゃ味も素っ気もないじゃないか。「ペラペラしゃべらず、真面目なのはいいことだ」と思ってるかもしれないけど、可能性はタカが知れてるね。人間、所詮一人じゃ、たいしたことはできないんだ。人が寄ってこなきゃ、大きな勝負はできないんだよ。

若いうちは「あのヤロウ、何考えてやがんだ！」って言われるくらい目茶苦茶なほうがいいんだよ。おもしろがって人も寄ってくるし、人にもまれているうちに、つきあい方も分かってくる。人をおもしろがらせるコツ、驚かせる呼吸、喜ばせるツボ、癒すさじ加減なんてもんが、身についていてくるんだ。そうなったら、

「あいつ、はちゃめちゃに見えて、けっこう人間てもんが分かってるね」

ってことになる。そういうヤツが皆にかわいがられるんだ。

スキを見せないのもダメだね。「俺は絶対、人につけ込まれたりしないぞ」なんて、バリアをがちがちに固めてるのがいるだろ？　俺に言わせりゃ、「心配ご無用」、そんなヤツはこっちから願い下げ。頼まれたって近づきたくねぇってんだ。

スキは愛嬌なんだよ。「あのヤロウ、バカだねぇ」と思うから、何か言ってやりたくなるんだし、「あいつ、しょうがねぇな」と感じるから、何かしてやりたくもなるんじゃないか、そうだろう？

女性だって、オツにとりすまして愛嬌のカケラもなければ、いくら顔やスタイルがよくたって、男は相手にしないだろ？　ご面相は多少イケてなくても、愛嬌があって親しみやすいほうが、ずっと心惹《ひ》かれるもんなんだ。

俺は目茶苦茶なんてもんじゃなかった。親父に代わって会社を継いだときには、まわり

は口を揃えてこう言ってたよ。

「見てな、あいつの代になったら、岡野んとこは一〇〇パーセントつぶれるから……」

確かに、八方破れでそう言われても仕方がないようなことをやってたけど、その分、スキだらけだったから、不思議と人だけは寄ってきた。親父は職人を絵に描いたような人間で、人づきあいが苦手。口なんか動かすより、手を動かせってタイプだったけど、お袋はチャキチャキの江戸っ子。誰が相手でも話をうまく捌《さば》く人だった。俺にもそのお袋の血が受け継がれていたんだろうね。それに「一〇〇パーセントつぶれる」と〝保証〟なんかされたら、「コンチキショー、見てろよ!」って反骨魂もめらめら燃えるだろ。

なかには、そんな俺でも信用して仕事を出してくれる人もいた。俺も引き受けた仕事はきっちりこなしたね。よそには絶対負けない良い金型をつくった。職人はつくったモノが何よりの履歴書だ。「いい仕事をする」と思ってもらえたら、次から次に仕事が来るもんなんだよ。その頃、俺をかついでくれた人には、ほんとにありがたいと思うね。かついだフリをして、さっと神輿を下ろし、てめぇだけいい思いをしようとするヤツもいたけど、こっちはそんなにお人好しじゃねぇよ。必ず、返り討ちにしてやったよ。人にもまれてきたから、そいつが本物か偽物かは、すっかりお見通しだったんだ。

本業以外にプラスアルファを持て

「自分の仕事は一所懸命やっています」って言う人がいる。

「だから、どうなの？」。俺はそう言いたいね。本業をきちんとやるのは当たり前だし、本業なんてのは、習えば誰だって、そこそこはできるようになるんだ。それだけじゃ、世渡りは難しいね。

本業以外のプラスアルファを持つことが大事なんだ。

俺の友だちの息子さんに、外科医がいるんだ。まだ若いし、腕もある。だけど、腕だけじゃダメなんだな。子供の患者は、医者と聞いただけで半べそ。注射器なんか持ち出されたら大泣きだ。そこで、その息子さんは考えた。

「なんとか、子供を楽しませながら診断することはできないかな？」

で、覚えたのが手品だったってわけさ。子供が診察室に入ってきたら、笑顔でまず手品を見せる。喜んじゃうだろ？　そのスキにちょいちょいっと診ちゃうって寸法だ。

親だって子供を医者につれて行くのは気が重いんだよ。「また泣かれるのか」って思ったら、気分だって滅入るから、足が遠のいちゃう。それじゃ東大卒で腕がよくたって閑古鳥だよ。

だけど、「あの手品の先生のところに行こうか？」ってやれば、「行く、行く！」ってなもんだよ。そうなりゃ、「何かあれば、あの先生」ってことになるじゃないか。お母さんたちの間で、口コミで噂が広がる。

ここなんだよ、「世渡り力」ってのは。何も手品に限ったことじゃない。自分のキャラクターに合ったプラスアルファでいいんだ。

要は「あいつが来るとおもしろいよ。何かやってくれるよ」ってもんを身につけることだな。

芸にはからっきし自信がなきゃ、〝専門家〟になる手もあるな。温泉場には人よりちょいと詳しいとか、旨い食いもの屋をよく知ってるとか。それだけで、「今度旅行に行くから、いい温泉がないか、あいつに聞いてみよう」「飲み会にはあいつを呼んどこうよ」ってことになる。なにかにつけてお座敷がかかるんだよ。

お座敷っていえば、太鼓持ちって知ってるかい？　話をさせりゃ、絶対に相手の気をそらさない、歌も踊りも三味線も一級品、客が「旨いうなぎが食いたいな」と言えば、「この近くですと、たつみ屋でげすな」ってな具合で飲み食い、あわせて色の道にも通じてる。世渡りのプロ中のプロだね。

とてもその域には及ばないけど、俺も若い頃はお得意さんの遊びの仕切りをよくやったよ。昔、たっぷり遊んでた経験が役に立ったね。自分が遊んでなきゃ、仕切りなんかできないからね。

遊ぶにも年季がいるんだよ。最初から上手に遊べるわけじゃない。何度も失敗して、こっぴどい目に遭って、お金も使って、やっと人さまをつれて、遊びを仕切れるところにたどりつくもんなんだ。だから、若いうちにつまんない勉強ばかりしないで、遊んでおくことだね。

遊んでいるうちに身についてくるのが〝勘所《かんどころ》〟だ。察しのよさだね。

たとえば、仕事の仲間が女房に内緒で遊びに行ったりするだろ。「遊んでくらぁ」とは言えないから、「きょうは岡野と仕事のナニで……」とかなんとか、適当な理由をくっつけて出かけるわけだよ。

女房のほうだってまともに信じちゃいないから、俺んところに電話がかかってくる。そこで、「えっ、俺と仕事の話? そんなのねぇよ」と言っちまったらダメなんだよ。パッと事態を察して、

「おぅおぅ、いま話が終わってさ。あいつは先に呑み屋に行ってる。俺もこれから出るところなんだ」

これくらいのことは言えなくちゃね。察しが悪いと、仕事仲間だって離れて行くし、集まりにだって誘われなくなる。仲間の集まりは、大事な情報交換の場だろ。そこからはじき出されちまったら、仕事だってうまくいかなくなるよ。

察しがいい、機転が利くってことも、立派なプラスアルファ、芸のひとつなんだ。

絶対、ツイてる人とつきあえよ

同じ仕事をしていても、いつもうまくいく人と何をやっても失敗ばかりって人がいるだろ？　失敗つづきの人間が決まって言うのが、「俺はついてないからな」って台詞だね。

確かに、世の中にはついてる人と、ついてない人がいるよ。

俺は自分でもツキがあると思ってる。ツキがなかったら、こんなに皆から注目なんかされねぇもん。振り返ってみりゃ、ガキの頃からツキに守られてきた感じだな。小学校五年生、一二歳のときだった。日本が戦争に負けて、俺の住んでた墨田区なんかすっかり焼け野原になっちまった。家から上野の西郷さんが見えたんだ。

俺が盲腸になって死にかけたのがその翌年だった。もらった小遣いを握りしめて、浅草の観音様に出かけたんだ。瓢箪《ひょうたん》池のところの出店でイカ焼きを買い食いして、いい気分で家に帰ってきたんだけど、そのイカがまずかった。

腹が急に痛み出した。「あのイカにやられたかな」と思ったけど、我慢してれば治ると踏んで、お袋には言わなかった。だけど、腹はどんどん痛くなるばかりで、三日目には起きられなくなった。

ふだんは外で悪さしてる息子が、うんうん唸《うな》ってるんだから、親父もお袋もびっくりしたんだろうな、すぐに親父がリヤカーに俺を乗せて病院に走ったわけだよ。診断した院長が言ったね。「盲腸だ。何でもっと早く連れてこなかった？　もう、手遅れだな。切っても助からないから、金もかかるし、このまま送ってやったほうがいいんじゃないか？」。すでに腹膜炎を起こしてた。

院長の言うことにも一理あったんだよ。この年に預金封鎖、新円切り替えってのがあって、どこの家でも割り当てられたわずかなお金しかなかったんだ。手術のためにまとまった現金を用意するのは大変だから、どうせ助からないなら、このまま逝かせてやったほうがいいって判断したんだと思うよ。

だけど、親父は言った。

「失敗してもかまわねぇから、とにかく切ってやってくれ」

長女をはしかの手遅れで亡くしてたから、俺はなんとしても助けたかったんだね。ありがたかったけど、切られるこっちはたまらないよ。麻酔なんてない時代だから、痛いの痛くないのって……七転八倒ってのはあのことだな。

まぁ、いったんは医者に見放された状態だったのに、また生かしてもらったんだから、ツキが味方してくれたんだよ。仕事をするようになってからも、いつも「俺はついてるな」と感じながら、ここまできた。

不思議なことに、ツキっていうのは周囲の人にも波及するんだよ。実際、俺と縁が切れた会社も人間も、たいがいダメになってる。反対に長くつきあっている会社や人間には、いいことが起きてるんだ。

そんな俺自身の経験から言うんだけど、**絶対、ついてる人間とつきあわなきゃダメだな。**

ツキっていうのは、サイコロの目みたいに偶然に回ってくるもんじゃないんだよ。こんな例があるだろ。同じように駅前にある蕎麦屋《そばや》でも、一方は門前市をなす賑わいなのに、もう一軒は閑古鳥が鳴いてる。ちょっとした運やツキがそうさせてるように見えるけど、ほんとは違う。客で賑わってる店にはそれなりの理由があるんだよ。客に対する心づかいが行き届いてるとか、動きがテキパキしてるとか。逆に閑古鳥のほうは、愛想が悪かったり、注文した蕎麦がなかなか出てこなかったり、客を引っ張れない何かがあるもんなんだ。

つまり、ついている人間は、ツキを引き寄せるだけのことをしてるってことだ。俺だって、仕事をいい加減にしたことは一度だってないし、口先三寸で人を騙すようなマネも、金輪際してねぇよ。他人がいい思いをしてるのを僻《ひが》んだこともないね。

ついている人間とつきあうってことは、その人の生きざまを見ることだし、そこから何かを学ぶってことなんだ。俺とつきあってきてくれている連中も、

「岡野の親父はおっかねぇけど、仕事が好きなとこだけは本物だな」

「いったん引き受けたら、とことんやる。〝諦めの悪さ〟は筋金入りだ」

何かそんなことを思ってくれていて、ちょっとは自分の生き方の参考にでもしてくれてるんじゃないかな。だったら、俺は嬉しいね。

まわりにいる、ついている人間をよく見てみな。何か見えてこないかい？ 律義さ、熱っぽさ、粘り強さ……何だっていいんだよ、「いいな」と感じたところは、その人が持っている世渡り力だ。ありがたく勉強させていただいちゃえばいい、まんまマネしたっていいんだよ。

「ただより高いものはない」の本当の意味

「ただより高いものはない」。この言葉を知らないヤツはいないよな。だけど、実際はどうだい？　ついつい〝ただ〟にしてやられちまうことがあるんじゃないか？　いい例が霞が関のキャリア官僚だよ。勉強ばっかりしてきて遊んでないし、まわりからはチヤホヤされて、自分を見失ってるのが少なくない。

しばらく前の、旧大蔵省の誰かじゃないけど、なんとかしゃぶしゃぶなんてとこで、さんざん飲み食いさせてもらってるうちに〝ただ〟の怖さを忘れちまったんだろ？　結局、ことが露見して、将来が台なしってんだから、情けねぇ話だよ。世の中に対する免疫がなさすぎるんだな。

遊びは若いうちからやんないと、とんでもないことになるんだよ。

いい歳になってから、酒だ博打《ばくち》だ、色の道だなんて始めると、免疫がないからさじ加減、切り上げどころってものが分からない。のめり込むだけのめり込んで、気がつきゃ家庭崩壊、将来も棒に振るなんて取り返しのつかない事態になっちまうんだ。

ましてや〝ただ〟となりゃ、歯止めがきかない。人生を失敗してからやっと、「ただより高いものはなかった」って気がつくんだな。遅いよ。

俺はしっかり肝に銘じてる。ただ奢られたり、ただもらったりなんてことはしないね。その場は得した気になるかもしれないけど、それで一生頭が上がらなくなったんじゃ、えらく高くつくことになるんだよ。恩を受けるってことは、ハンデを負うってことなんだ。よっぽどの覚悟がなくちゃ、一生もんのハンデなんか負えねぇよ。

俺はいつも「現金決済」。飲み食いも、遊びも自腹でやるね。

仕事をしてりゃ接待を受けることだってあると思うけど、されっぱなしはいけない。必ず、借りは返しておくことだよ。借りをつくったままじゃ、対等な立場で商売ができねぇぞ。

仕事先でも、「岡野さん、きょうはごちそうするよ」って誘われることがあるけど、俺は、「ごちそう？　いりません、さよなら」で戻ってくる。仕事の用件がすんだら、長居しないのが流儀なんだ。

いつもその姿勢を曲げなきゃ、仕事先も性分だと飲み込んでくれて、愛想なしだなんて思わないよ。もちろん、仕事に支障が起こるなんてこともない。

人からものをもらったときは、「倍返し」するといい。

たとえば、三〇〇〇円の菓子折りをもらったら、六〇〇〇円のものを返すんだよ。これには理屈がある。くれた人は、俺なり家族なりのことを考えて、品物を選んでくれてるわけだろ？

「岡野さんは、これが好きだって言ってたから、きょう持って行ってあげよう」

とかさ。その気持ちがありがたいよな。その気持ちへの感謝が三〇〇〇円分だ。そして、当然、品物に対しても同額をお返しする。合わせて六〇〇〇円ってことになるわけだよ。

これはいわゆる義理のうちだけど、欠かさないことで、仕事にも影響してくるね。何かあれば、

「ふだんから、あんなに義理堅い人なら、仕事をまかせても間違いはないだろう」

ってことにもなるからだよ。

お返し分の何百倍、何千倍ものいいことが起きる、ほんとだから覚えておくといいよ。

百万もらったら五万か十万は返す

お金の使い方を知らない人が多いね。お金は世渡り力とは切っても切れない。使い方次第で仕事も人づきあいもうまくいったり、うまくいかなかったりするんだから、心得とかなきゃ損だよ。

俺は百万儲けさせてもらったら、必ず、相手に五万とか十万は返してやるね。全部自分の懐には入れない。それが相手の会社やその人間との関係の根っこになるんだ。シイタケやマツタケだってそうだろ？　根っこから引っこ抜いちゃったら、二度と生えてこないじゃねぇか。**根っこを残すから次の年も生えるんだよ。**

商売だっておんなじだ。商売でしくじるのは、そこんとこを知らないからなんだよ。目先のお金だけ考えるんじゃダメなんだ。

俺は全国いろんなところで講演をやってるけど、そのとき主催する会社や団体の人が空港や駅に迎えに来てくれたり、送ってくれたりする。俺は世話をしてくれる人、一人ひとりに、「きょうは、ありがとう」って一万円チップを渡すね。

間にプロダクションが入っているときは別だよ。プロダクションは講演をすべて仕切ることで口銭《こうせん》をとってるわけだから、俺がチップをやる筋合いのもんじゃねぇもん。

気は心なんだよ。これも世渡りのキーワードだな。チップを渡す講演者なんてザラにはいないから、印象に強く残る。何か機会があったら、「また、あの岡野さんに講演してもらおう」ってことになるんだよ。

俺は手土産も持って行く。皆、「土産は主催者側が用意するもんで、講演者はそれをいただいて帰りゃいい」と思ってるんだよ。俺が手土産を渡すと、「講演者からお土産なんてもらうのは、初めてです」って驚いてるもんな。

初めてってのは何でもインパクトがあるんだよ。

わずか二時間の講演だけのつきあいだって、主催者側は岡野雅行って人間を忘れないよ。三年後、四年後でも、講演会をやろうかってなったとき、まっさきに「岡野雅行」が頭に浮かぶんだ。

俺が育った時代には、そんなことは当たり前だった。町内で祭りだ、何かの祝いだってときは、重箱に赤飯を詰めて隣近所に配るってのがしきたりだった。もらったほうも、重箱をただ返しやしないよ。赤飯はその場で皿に移して、重箱をきれいに拭《ふ》いて、マッチ箱をひとつ入れて返すんだよ。

親は別に何も言わなくたって、そんな姿を始終見てりゃ、ガキにだって「もらいもんをしたら、空《から》で返しちゃいけねぇんだな」ってことが分かる。自然に〝気配り、目配り、心づかい〟が身につくってわけさ。

いまは親の世代もそんなことは知らない。もらいっぱなしが常識になっちまってる。学校じゃ、間違ってても教えないしね。だから学校の勉強なんか、生きてくうえで、世渡りをしていくうえで、これっぽっちも役に立ってねぇってんだよ。

俺はどんな仕事相手にだって言いたいことを言うけど、そのへんの心づかいだけは欠かしたことがないね。俺のことをおっかながってる人も、俺に怒鳴りつけられた人も、いっぱいいると思うけど、仕事が切れないで続いてるのは、そこなんだよ。

いくら表面上だけいい顔したって、腕だけが少々よくたって、仕事なんか続きゃしない。腕がいいだけの人は他にもいくらでもいるからな。心づかいができなきゃ、ほんとの縁は生まれないんだ。忘れるなよ。

口の軽いヤツを使って株を上げる

俺は自分から仕事の売り込みをしたことがない。自分で、「俺はこんなことができる」って吹聴して回る人がいるけど、どこまでまともに受けとってもらえるかは疑問だね。自分で自分の宣伝したって、いいとこ話半分にしか聞いてもらえないってのが、相場なんだ。俺はそんなバカバカしいことはしない。もっと効果絶大な方法があるからね。

仕事関係の人間にはいろいろいるだろ？　なかには、聞いたそばから誰かに話さなきゃ気がすまないというのもいる。

「あいつにだけは大事な話はできない。口が軽いから」ってのがいるだろう。これが、滅法使える。

新しい金型をつくったら、いちばんおしゃべりのプレス屋にそれとなく吹き込むんだ。

「俺、今度こんなのをつくったんだ。まだ、誰にも言っちゃいねぇけどさ」

〝極秘〟情報は、しゃべりたくてたまんない人間にとっては、ネコにマタタビみたいなもんだろ。頼まなくても、あっちでもこっちでもしゃべりまくってくれるね。

「岡野さんとこは、こんなのもできるんだ。すげぇだろ。一度、行ってみなよ」

人は、他人の自慢話は話半分で聞くけど、第三者がほめると信用するものなんだ。そんな話を聞きつけてどんどん客が来るようになったね。

もちろん、どこでもできるような仕事は来ないよ。来たって俺はやらない。ほかじゃどうしてもできないってもんが来るわけさ。だから、俺もやる気になる。

「誰もできないなら、俺がやってやろうじゃねぇか！」

そうやって次から次に難しい金型をつくりあげていくと、評判が評判を呼ぶって現象が起きる。どうにもならないときの〝駆け込み寺〟みたいになっちまった。

わざと〝大法螺《おおぼら》〟を吹くのもいいねぇ。ちゃちな法螺はいけないよ。吹くんならでっかくなきゃダメだ。

大きなことを言ってると、まわりは、

「岡野のヤロウ、あんな大口叩きやがって。よし、そんならできっこないこと頼んで困らせてやろうぜ」

ってことになるんだよ。思うツボだね。

だけど、いままでにない金型、できないと思われていた金型の注文が入ってくるんだから、こっちも命がけの真剣勝負だ。大法螺を吹いている手前、口が裂けたって、「やっぱり、できなかったよ」とは言えない。当然、最初からうまくいくわけはないよな。失敗はするさ、何度も何度もね。**その失敗から成功の糸口が見つかるんだよ。**俺は絶対諦めないからね。失敗するたびに、「おぅ、また、ゴールに一歩近づいたな」と思うんだ。それで引き受けた仕事は全部ものにしてきた。失敗するほど腕は上がるんだ。

大法螺は相手に渡した約束手形みたいなもんなんだよ。振り出しちまった手形を不渡りにするわけにゃいかない。ちゃんと決着をつけるまでは、何が何でも頑張るしかないし、頑張れるんだよ。

石橋を叩いて渡るようにコツコツ生きたいヤツは、そうすりゃいい。だけど、自分の可能性を広げたいヤツは、ときに大法螺を吹いて、自分を追い込んでみるのもいいんじゃないかな。

イヤなヤツを使いこなす知恵

誰にだってイヤなヤツ、気にくわないヤツがいるだろ。理由はそれぞれだろうけど、ふつうだと、そんなヤツとはなるべく距離を置こうとか、つきあわないようにしようとかって思うわけだ。だけど、イヤな人間にも使い道はあるんだよ。

たとえば、詐欺師まがいで信用できないのがいるだろ。自分はまともにつきあいたくない、こんな人間にも格好の役どころってもんがあるんだよ。ふだんから何かにつけてむかっ腹が立つようなヤツに、こいつを紹介する。

口八丁手八丁で人をたぶらかしてこその詐欺師だ。こいつがむかっ腹にどう近づくか、むかっ腹がどんな手でコロッと騙されるか、高みから見物してるほうはおもしれえや。それで、むかっ腹が地団駄踏んだりすることになりゃ、こっちはスカッとするわな。

ちょっとばかり意地が悪い方法だけど、そのくらいの灸を据えてやらなきゃ、世の中ナメ切ってるヤツがいるからね。

俺にもこんな経験がある。おんなじ業界のヤツなんだけど、俺がいい仕事をもらって伸びていくのが悔しかったんだろうね。僻みやがった。骨のある人間だったら、「よぉし、俺も岡野に負けないように、頑張んなきゃな」となるんだろうけど、そいつは何かにつけて俺の足を引っ張ろうとした。うちの職人が仕事でそこに使いに行くと、吹き込むわけさ。

「おまえね、いい腕してんだから、岡野のところなんか辞めちまえよ。ほかにいい会社があるからよ」

うちから職人を引き抜いて戦力ダウンさせようって算段だけど、こっちはとっくにそんなことはお見通し。

ちょうどその頃、うちにも辞めてもらいたいと思ってた職人がいたんだ。ここは僻み野郎に乗っかってやる手だね。その職人を始終、そこに使いに出すことにしたんだ。案の定、そいつは職人におんなじようなことを吹き込んだわけだ。

俺が辞めてもらいたいと思ってるんだから、その職人だってうちには居づらいと感じてたに違いないよな。そこんところに、

「いい会社があるんだ。岡野のところなんて辞めちまえ」

なんて、顔を合わせるたびに言われてみろよ。その気にならないほうが不思議ってもんじゃねぇか。俺んところを辞めて、そいつの紹介で別の会社に移るまでに、そう時間はかからなかったね。紹介するとき、そいつが、

「岡野のところでばっちり鍛えられてるから、腕は間違いないよ」

くらいのことを言ってるのは、簡単に想像できる。俺だってうちでまじめにやってる職人の腕は保証するよ。だけど、辞めてもらいたいヤツの腕までは保証できねぇってんだよ。結果は見えるだろ。そいつの能書きを真に受けた会社は、文句たらたらってことになる。

「なんだよ。おまえがいい腕してるって言うから、こっちは雇ったんじゃないか。どこがいい腕なんだよ！」

口をきいたそいつの立場は、すっかりなくなるって寸法だ。どこか、「風が吹くと桶屋が儲かる」の世界だろ。「ダメ職人を使いに出すと、嫌なヤツの面目が丸つぶれになる」ってね。

これは相当手の込んだ〝しかけ〟だ。なにしろ、最初は皆が「してやったり！」と思ってる。いっぽう俺は辞めてもらいたい職人に、面と向かって「辞めろ」なんて言わなくてすんだし、その職人だって、居づらい俺んところを辞めて、〝いい会社〟に移れたと喜ん

だ。口をきいたヤツは、俺に一泡吹かせた気分になっただろうし、先方の会社も、腕のいい職人を雇えて儲けもんだと思ったろうからね。

ところが、三か月後には様相はガラリと一変だ。腕以上のことを期待された職人は居場所がなくなり、口をきいたヤツと会社は反目し合うようになっちまう。結局のところ、得をしたのは俺だけだったってわけだ。いらない職人には自分から辞めてもらえて、嫌な野郎にもギャフンと言わせた。職人を引き受けた会社には気の毒だったけど、「してやったり」の独り占めってとこだな。

嫌なヤツに関して、学校じゃ「誰にでも良い面があるからそこを見ましょう」とか、せいぜい「君子危うきに近づかず」くらいのことしか教えてくれないけど、話にならないね。こういうのが世渡りの知恵、世渡り力ってもんなんだ。

真正直ばかりじゃダメ、頭を使え！

仕事で頭を使わないヤツは伸びないよ。ただ真面目なだけじゃダメなんだ。

俺の知り合いに、プレス機メーカーの、うだつの上がらない営業マンがいたんだ。入社してから、やれ静岡だ、やれ九州だ、と地方の営業所を回されたんだけど、いっこうに営業成績が上がらない。

その揚げ句に回されたうちの近所の営業所は、いってみれば、〝最後の砦《とりで》〟だったわけだ。実際、所長は俺にこんな紹介の仕方をした。

「彼にとってはここが最後だから、なんとか売上を上げられるように、いろいろ教えてやってください」

そんなことからつきあいが始まったんだけど、つきあってみると仕事は真面目だし、熱意もある。だから、俺も心当たりのある会社を紹介した。「岡野さんの紹介で……」とやっているうちに、けっこうプレス機も売れるようになってきたんだ。

そんななかでの話だけど、こんなことがあった。俺が紹介したある大きな会社に営業に行った彼が、しょぼくれて報告に来たんだよ。その大会社では、話もロクに聞かずに、

「おまえのところのプレス機なんか買うつもりはない！」

と言われたっていうんだ。頭に来たねぇ。「コノヤロウ！」だよな。俺はちょっとばかり頭をひねって、ある作戦を伝授した。

その会社は元請けで、使っている下請け工場がたくさんあったから、まず、そこにプレス機を買わせる作戦だ。

「いいか、下請けにはできるだけ安く、月賦《げっぷ》でいいからって言って、プレス機を売りまくれ。当分、例の会社は相手にするんじゃねぇぞ」

彼は下請けを丹念に回って、一台一台、プレス機を入れていった。下請けがみんな新しいプレス機を導入したとなったら、大会社はどうなる？　自分のところだけ相変わらず古い機械じゃ格好がつかないじゃねぇか。だけど、俺は営業には行かせなかった。

「こっちからは営業に行くなよ。待ってりゃ必ず、向こうから『売ってください』って言ってくるからな。こっちは焦らず、向こうを焦らせてやるんだよ。それと、ここが肝心だ

けど、値引きなんか間違ってもするんじゃねぇぞ。定価にたっぷり上乗せして売りつけてやれ」

〝待てば海路〜〟の展開になることは読めてた。一年後、その大会社はプレス機を買ったよ。さすがに「売ってください」とは言わず、えらそうに「買ってやる」って態度だったらしいけど、折れてきたことには変わりはないやね。定価より高い値段で売りつけられてりゃ、世話ねぇや。おかげで、下請けに安く売った分の元も取れたって塩梅《あんばい》だ。

真っ正直に大会社に日参してたら、こんな展開はなかったね。外堀をガッチリ埋めちまえば、本丸は落ちるしかないんだよ。

頭を使った仕事、商売ってのはこういうもんなんだ。それですっかり商売のコツを飲み込んだ彼は、社内の売上のトップにいつもランクインするようになった。実戦のなかで世渡りをひとつ、学んだんだな。

特許は大企業と連名で取る

岡野工業は十数件の特許を持ってる。

皆、特許は自分が開発した技術や発想を守るもんだと思ってるだろ。だから、個人で取ったほうが大きな権利を主張できるし、その技術が生む利益も独占できるって考えてるんじゃないかな？

ところが、そうじゃないんだ。**特許なんて個人で取ったって何の意味もないんだよ。**大企業にしてやられるのがオチだね。特許を取った技術は、大企業にとっても垂涎《すいぜん》もんだ。欲しければ、しかるべき手続きをして買い取ればいいわけだけど、大企業ってのはプライドだけは超一流だ。

個人に頭を下げてお願いするなんてのは、沽券《こけん》にかかわるからできねぇんだよ。だからといって、諦めるわけでもない。ちゃっかり特許技術をまねて商品をつくっちまうんだ。

特許を持ってるほうは、当然、訴える。だけど、大企業にとっちゃそんなものは屁《へ》でもない。織り込み済みってとこだね。

裁判にはなるよ。だけど、裁判が決着するまでには何年もかかるし、終わる頃には技術は古びちまって、もはや用済みになってる。かりに裁判に勝ったって、わずかばかりの賠償金で終わりってことになるんだ。

昔は俺も個人で特許を取ってた。大企業相手に裁判をぶち上げたこともある。もちろん、正しいのはこっちだ。だけど、考えてもみなよ。相手は「こんなにいるのかよ」ってくらい、顧問の弁護団を仕立ててくるわけだろ。勝てっこないんだよ。

時間もお金もたくさんかかったうえに、結局は負けたって経験もして分かったね。個人で取る特許なんて〝気休め〟でしかないんだよ。

だから、俺は大企業と連名で特許を取ることにしている。「痛くない注射針」もテルモと共同だ。俺が技術開発、テルモが特許出願ってかたちだね。テルモだけじゃない、トヨタ関係の特許も、全部、トヨタとの連名だ。

大企業と連名なら、ほかの企業は手出しはできない。いくら欲しくたって、黙っていただいちゃおうなんてことは考えないいんだよ。裁判になったって、体力がある大企業がついてれば、分はこっちにあるからね。

俺は個人で特許を取って痛い思いをした。だけど、「ああ、痛《いて》ぇ」ってだけじゃなく、頭を切り替えて、どうしたら痛い思いをしないですむかを考えた。だから、大企業と連名で取るって手法に行きついたんだ。

痛いだけで終わらせないのが世渡り力だよ。

もっとぶっちゃけちまうと、ほんとにすごい技術っていうのは、特許なんか関係ないんだ。

俺は四〇年ほど前に、ある金型をつくった。鈴、あのチリンチリンと鳴る鈴の金型だ。ふつうの鈴ってのは、三つの部分からできていて、外側は二枚の金属が継ぎ合わせてある。話を持ってきたのはプレス屋のおやじだったんだけど、なんとか継ぎ目のない鈴ができないかっていうんだ。最初は、「そりゃ、無理だよ。そんなのできっこねぇよ」って断った。だけど、あんまり熱心なんで、やるだけやってみることにしたんだ。

三年かかったね。俺は一枚の板から鈴ができる金型を完成させた。金型代は当時の金額で三五〇万円だから大金だったけど、プレス屋のおやじはそれでおおいに儲けたってわけだ。もちろん、特許も取ったさ。

いまは特許権も切れて、どこでも同じような鈴をつくることはできる。だけど、継ぎ目のない鈴をつくったところはないいね。マネしようたってできねぇんだよ。

大企業には超一流といわれる大学や大学院を出たエンジニアがいっぱいいるだろ。ある大手企業で話をしたとき、そんなエリートたちに、「俺が四〇年前につくったこの鈴を、誰かつくってみなよ」ってけしかけたんだけど、いまだに「できた」って声は聞こえてこない。

期限が切れても誰もマネできない、これが本当の特許だよな。

"しきたりの壁"を崩す発想を持とう

仕事にもしきたりがある。そのしきたりってやつが障害になることもあるけど、知恵があれば乗り切れるんだ。

どんな業界でも古くからのしきたりが幅を利かせている。異業種からの参入が難しいのも、「俺たちは昔からこうやってきたんだ」っていうしきたりに阻《はば》まれるからなんだよ。

ペットボトルを手がけている吉野工業所っていえば、業界の大手だけど、先代社長の吉野弥太郎さんは、かつてしきたりに挑んだ人だ。吉野さんは、それまで専門的に扱ってきた樹脂だけでは、将来展望が開けない、金属の分野にも進出したいと考えたんだね。

金属加工の技術を教えて欲しいということで、俺のところに来てからつきあいが始まったんだ。うちの工場がある墨田区は、近くに化粧品メーカーの資生堂、鐘紡、コーセーなんかがあって、口紅のケースなど、化粧品ケースの製造が地場産業になっていた。

吉野工業所はそれを始めようとしたわけだ。うちからも技術提供をして、金属加工はできるようになったんだけど、化粧品メーカーに売り込みに行った吉野社長は冷たくあしらわれた。「吉野工業所さんは、ずっと樹脂をやってきたんだから、それを続けてください」。業界の慣習、しきたりってやつだ。技術があっても、異業種に参入するには大きな壁があるんだよ。

まともに行ったら、しきたりは崩せない。吉野さんはそこで知恵を絞った。アメリカに目を向けたんだ。当時、日本の化粧品メーカーでは、金属でつくった口紅のケースに、手作業で中の紅を入れていた。ところが、アメリカではすでに紅を自動的に組み込む機械が開発されていたんだよ。

吉野社長が考えたのは、その自動化の機械を自社の〝ウリ〟にすることだった。自動化の機械を開発したアメリカの会社を買ったんだから、大勝負だったと思うよ。機械を日本に持ち込んだ社長は、化粧品メーカーにそれをただで貸したんだよ。

機械をただで貸すから、ケースは吉野工業所でやらせてくれってわけだ。もちろん、そんなこと誰も思いつきゃしないさ。だからこそだろうね。業界のしきたりもこれで崩れた。化粧品メーカーは社長の申し出を受け入れ、吉野工業所は念願だった金属加工の業界への参入を果たしたんだよ。

資金力がなければできない荒技だけど、俺は吉野社長の知恵、そしてなにより「胆力」が、業界のしきたりを打ち破ったと思う。

スケールは違うけど、俺がプレスを始めたときの逆風もハンパじゃなかった。金型屋はプレス屋の下請けで、その下請けが本家の仕事を食うなんてとんでもねぇって考えられてたんだからね（169ページ参照）。

だけど、俺は押し切った。悪しざまに言うヤツらには、こう言ってやったよ。

「俺はプレスをやるよ。金型屋がプレスをやるんだから、プレス屋のあんたも金型をやればいいじゃねぇか」

プレス屋に金型なんかできないのが分かってて言ったんだから、開き直りには違いないけど、理屈が通ってないわけじゃない。

もっとも、横紙破りをしようなんてつもりは、まるっきり俺にはなかった。「ほかのプレス屋がやらない仕事」だけやる。俺は自分で枠《わく》をはめたんだ。ほかが難しくってやらない、単価が安いからやらない、そんな仕事を拾うところから、俺はプレスを始めた。これもちっとは知恵を絞ったってことになるのかな。

コストをかけても調整役を使う効果

職人は〝腕一本〟だから、企業相手に商売の話なんかまともにできない、なんて思われてるフシがあるだろ。確かに、必要なこと以外ものを言わない口下手の職人も少なくないけど、俺は違う。どんな大企業とだって平気で渡り合える。へいこらする気はさらさらないね。

まだ尖《とが》ってた若い頃は、ずいぶんやり合った。向こうが〝たかが町工場〟なんてナメた態度を見せたら、徹底的にやったたな。それで、結局は向こうが頭を下げてくることになるんだよ。だって、俺にしかない技術、俺にしかできない仕事なんだから、「岡野は生意気だから、ほかに回せ」なんてことは絶対できないわけだ。

だけど、いまは間に人を入れるようにしてるね。だからって、企業と直接、取引ができないってことじゃないんだ。できるけど、わざわざ口銭を払ってワンクッション置いてるんだよ。どうしてだか分かるかい？

たとえば、企業と岡野工業の間に名の通った商社が入ったら、企業側は一目置くじゃないか。もう、たった四人の町工場なんて見方はしない。あの規模で一流商社を使うんだから、よっぽどすごいところなんだと思うだろ。黙ってたってナメたマネをしてこなくなるんだよ。

「自分でできるんなら、なにも口銭まで払って、中間に入れることはないだろ。自分の取り分が少なくなるじゃないか？」

なんて考えてるうちは、まだまだだ。世渡りってもんの本質が分かってねぇな。間に入る調整役の役目は大事なんだ。

仕事を続けていくうちには、発注元も俺に言いたいことが出てくるよな。俺のほうだって言いたいことはあるさ。それを直接言い合っちゃったら、やっぱり角が立つよ。俺はこういう気性だから、相手の言い方によっては、

「もう、あんたのとこの仕事はやめだ。二度とうちの敷居をまたぐな、コノヤロウ！」

ってことにもなる。間に調整役がいりゃ、そうはならない。企業側の言い分も、俺の気性をわきまえた伝え方をするだろうし、こっちが言いたい放題言ったって、企業にはそれ

なりの言い方をするはずだからね。

企業にとっても、俺にとってもリスクヘッジになるんだ。お互い気分よく仕事を続けていくための〝保険〟みたいなもんだな。何パーセントかの口銭を惜しんで、企業とギクシャクするなんてのは、愚の骨頂だよ。

調整役がいることで、仕事がうまく運んで、企業も儲かる、俺も儲かる、間に入ってる調整役も儲かるって具合に、皆よくなりゃ、こんなにいいことないよな。

仕事の効率が上がったら、俺は自分からコストダウンもするよ。じつはいま、テルモの「痛くない注射針」でもそれを考えてるんだ。

コストダウンっていえば、ある大企業とケンカしたことがある。俺は相手からコストダウンしてくれって言われると、頭にカーッと血が上る。「できるときは、こっちからするんだから、四の五の言わずに待ってろ！」って思ってるからね。

それでも筋が通った話なら、まだ受け入れる余地だってある。持ちかけ方の問題だな。そのときは、やみくもに「なんとかコストダウンして欲しい」という話だったから、カチンと来た。

「じゃあ、うちが一円コストダウンしたら、店頭で消費者の皆さんに売ってるおたくの商品の値段も一円下がるの？　それなら分かる。コストダウンしますよ」

相手は二の句が継げなかったけど、筋が通った話ってのはそういうもんだろ。うちがコストダウンした分は、ちゃっかりメーカーが懐に入れてるってんじゃゃ、俺は納得できない。ケンカするしかないよな、違うかい？

部下はほめて伸ばす

社員や部下の力をどうやって伸ばせばいいか、思い悩んでる人が多いって話をよく聞く。俺に言わせりゃ、そんなの簡単だよ。

ほめりゃいいんだ。いつも社員を怒鳴りつけてるような印象があるかもしれないけど、俺は絶対に仕事で社員を怒鳴りつけたり、けなしたりしない。ほめに徹する〝ホトケの岡野〟なんだ。

経験があれば分かると思うけど、怒鳴ったり、けなしたりしたほうは、案外、簡単にそのことを忘れても、されたほうはいつまでだって覚えてるもんなんだ。だいいち、ほめられたら気分がいいし、仕事のやる気も出る。やる気があれば、多少、不器用だって伸びていくもんだよ。

職人の世界はとくにやる気が重要だね。うちは仕事を教えるなんてことはしないんだ。

俺が親父の下についたときも、親父が直接、技術を教えてくれるなんてことは、これっぱかりもなかった。「何やってんだ、コノヤロウ！」ってゲンコツで殴られ、ダメ出しされながら、見様見真似で覚え、自分で工夫しながら、技術を磨いてきたんだよ。

技術は盗むもんだと思ってる。給料払ってるのはこっちなんだ。なんで、給料払うほうが懇切丁寧に教えて差し上げなきゃならない？　そんな間尺に合わないことはないじゃねぇか。

腕のいい職人の技術を盗んで一丁前になるには、なんていったってやる気だね。いまは俺が修業した時代とは違うし、ほめてやる気を出してくれるんなら、いくらだって俺はほめるね。気前にゃ自信があるし、大盤振るまいは得意なんだ。

社員の待遇もうちはいいと思うよ。

決まりごとが一つある。社員の誰かが休んだら、出てきてる連中みんなで、とっておきの豪勢な昼飯を食うんだよ。昼飯時になったら、四〇〇〇円の天丼とか、特上の鮨《すし》、めっぽう旨い鰻重《うなじゅう》なんかが、「まいど！」って届く。飲みたきゃ、ビールを飲んだってかまわない。

昔は夕食も食いに行ってた。そこいらの定食屋じゃねぇぞ。一流ホテルに行って、好きなもんをたらふく食うんだよ。

次の日、休んでたヤツが出てくるだろ。そこで、前の日に食った豪勢な飯の話をたっぷりするわけだ。

「きのうの鰻は旨かったな。天然もんはさすがに違うな」

「俺の天丼だって負けちゃいねぇぜ。エビなんかもうぷりっぷりでよぉ」

「やっぱり特上鮨だろ。ネタが最高だ」

聞かされるほうはたまらないってんだよ。休んだばっかりにひとり食いっぱぐれて、後悔しきりだ。「チクショー、もう、絶対、休まねぇぞ!」って心に決めて、健康管理もしっかりするようになる。

よっぽど忙しけりゃ、土曜日も出てきてもらうけど、ふだんは土日は休んでもらう。残業もないね。夕方五時になったら、さっと上がってもらうのが決まりだ、メリハリがついてていいだろう?

3章

自己演出で評価を上げる「世渡り力」

十のものを百にも千にも言えるか

みんな自分をもっと認めてもらいたい、評価されたいと思ってるだろ。だったら、ドーンとアピールしなきゃダメだよ。

日本じゃ、口数は少ないほうが人間として深みを感じさせるとか、やたら目立とうとするのは品がないなんていうだろ。冗談じゃねぇってんだよ!

しゃべらなくても自分のことを分かってくれとか、みなまで言わせないで思いを汲《く》んでくれってほうが、よっぽど身勝手で品がないじゃないか。なんでちっともしゃべらないヤツの胸の内を、こっちが苦労して忖度《そんたく》してやんなきゃいけないんだよ。分かってもらいたかったら、分かってもらえるようにちゃんとしゃべれ。認めてもらいたかったら、きちんと言葉を使って認めてもらえってんだよな、そうだろう?

しゃべるときは、十のものを百にも千にも膨《ふく》らませられなきゃダメだね。目の前にモノがあってさ、その説明をするんなら、十を十でもいいんだよ。相手は見りゃ分かるんだから。だけど、**言葉は聞くそばから消えちゃうんだよ。十を額面通りに言ったんじゃ、一か二しか残っちゃいないよ。**

自分がほんとに言いたいことを伝えるためには、いくら言葉を使ったっていい。伝わんなかったら、どうしたら伝わるか工夫するんだよ。「言いたいことは言ったからいい」なんてのは、自己満足もいいとこだね。

学校じゃ、「簡潔に話せ。控えめに話せ」なんて教えるだろ。これがいけないよ。だから、立派な大学を出た政治家にも、自分の言葉でまともに話せるのがいないっていう、お寒いニッポンになっちゃうんだ。

しゃべるのは世渡りの大事な戦略なんだ。昔、「ラッパ」ってのがいたのを知ってるかい？　正体を明かせば、伊賀者、甲賀者なんて呼ばれてた忍者なんだけど、こいつは一のことを百にも千にも言うわけだ。

「もう三日もすると、数万の軍勢が攻めてくるぞ。早いとこ白旗を掲げないと、皆殺しにされちゃうぞ」

敵の領地に入って、そんなことを吹きまくる。誰だって数万がかりで皆殺しにされたかねぇや。それだけで戦意喪失、士気急降下ってことになる。実際の軍勢は百やそこらでも、相手を降参させることができるって寸法だよ。言葉ってのは、それくらいの力があるってことなんだ。

ゼロを「十だ」っていうのはウソになるけど、一を「百」はウソじゃない。大風呂敷ってやつだな。

俺なんかでっかい大風呂敷を広げてるよ。「ノーベル賞をもらうんだ」なんてね。ほんとにもらえるなんて思っちゃいないよ。だけど、大風呂敷を広げとけば、皆の話題になる。自分をアピールできるんだ。

大風呂敷を広げたらブレちゃダメよ。「ノーベル賞もらう？　俺そんなこと言ったたっけ？」ってことじゃ、相手につけ込まれちまう。「なんだよおまえ、この間大きなこと言ってたじゃないか。口先だけの野郎だな」ってことになるんだよ。嫌みなヤツに「おまえ、ノーベル賞もらうんだよな」なんて皮肉っぽく言われたら、「おぅ、そうだよ。楽しみに待ってな！」じゃなきゃダメなんだ。

ウソもすぐわかるからウソになるんだ。明日バレるウソはついちゃいけねぇんだ。**いつまでもバレなきゃ、ウソじゃないんだよ。**

ウソってわけじゃないけど、こんなこともあった。もう十年くらい前になるけど、俺は一個一万円のリンゴがあるって話を聞いた。それを皆に言ったら、こうよ。

「一個一万円のリンゴ？　よく、そんな大ウソつけるもんだな」

それから二年ほどたったら、ＮＨＫの番組でリンゴを紹介してた。

「これが一個二万円のリンゴです」

ってね。一万円どころか、二万円のリンゴだって出てくるのが今の時代なんだよ。ウソから出た実《まこと》じゃないけど、どんなに突飛な話でも、いつ現実になるかわからないんだ。

遠慮なんかすることない。大風呂敷でもウソでも、堂々と胸張って広げちまえ！

自分の仕事を安売りするな!

昔の職人の話をしようか。自分の腕一本で丁寧にモノをつくりあげるだろ。それで満足するのが職人なんだ。うちの近所にも、釣りのエサに使うゴカイを入れるエサ入れを、水楢《みずなら》って木で組み上げる職人がいたけど、凝りに凝ったものを仕上げるわけだ。それで家族が食えるだけの手間賃になりゃいいんだな。もっと儲けてやろうとか、営業してたくさん売ろうとか、そんなことは考えもしない。

人づきあいなんて苦手だし、ハナから人とうまくつきあおうなんて思っちゃいない。まわりも「職人肌」なんてことで、それを認めてたんだ。

だけど、いまは時代が違う。

「客と飲みに行くなんてまっぴら。そんな面倒なことはイヤだよ」

なんて言ってたら、仕事なんか来やしない。人づきあいのなかで相手と信頼関係をつくっていかなきゃ、自分の思うような仕事はできないね。

俺は仕事を頼みに来た担当者が、人間として信用できるかどうかで、引き受けるかどうかを決める。大企業だろうが、お金を積まれようが、担当者が、「コノヤロウ、信用できねぇな」ってときは、仕事は受けない。

企業の名前で転んだりしたら、結局は買い叩かれて、仕事を安売りすることになるんだよ。「すごい企業と仕事のつきあいがある」なんて、うまい世渡りをしてる気になってる人がよくいるけど、体《てい》よくあしらわれてるってことだね。

俺の仕事は信頼関係が基本になってる。担当者も俺のやり方を理解してくれてるから、こっちが言った予算を取ってくれるね。

企業は予算が決まらないことには、具体的に進められない。俺は、「だいたい一〇〇〇万円くらいかかる」と思ったら、企業には「三〇〇〇万円かかる」って言うんだ。

結果的には、三〇〇〇万円を割る金額で落ち着く。そしたら、担当者も企業側にいい顔できるってことになるだろ？　**予算を下回ったら、企業としては担当者を評価するからね。**

うちは、一度決めた予算は変えない。そりゃ、俺が「これでよし！」と思うものができないかぎり納品はしないから、実際には予算を超えちまうことだって、なくはないよ。そんときは、超えた分はこっちが負担する。

自分の仕事は安売りしちゃダメなんだ。そのためには、人にできないことをやらなきゃな。誰でもできることなんてのは、相手の言い値でやるしかなくなるんだよ。できないことだから、値段を自分でつけられるんだ。

三〇〇〇万円の予算を取ってくれって言っても、「あの会社だったら一〇〇〇万円でやるって言ってますよ」と言われたら、グウの音も出ないよな。どこにも「あの会社」がないから、こっちの言い値で勝負できる。

予算が取れなきゃ、「じゃあ、その仕事はやらない」で終わりだね。俺がいままでも四人でやってるのは、キッパリそう言えるためでもあるんだ。社員が一〇〇人も二〇〇人もいてみろよ、その家族のことを考えたら、安い値段をつけられたって、「それでやります」って言うしかなくなっちまうだろ？　社長のわがままで「あいつは気に食わないから、この仕事はしない」ってわけにはいかないからな。

これまでだって、会社を大きくしようと思ったらいくらだってできたけど、うちは小さいってのが武器なんだ。こんなに威力がある武器を手放す気はさらさらない。

皆も、自分で自分の仕事の値段を決められるように頑張れよ！

「土光さんのメザシ」に学ぶ自己演出

自分をアピールするには「自己演出」をすることだ。

若い人は知らないかもしれないけど、経団連の会長をしていた土光敏夫さんという人がいた。旧石川島播磨重工業や東芝なんかの再建も手がけた財界の大立者だな。

その土光さんは「メザシの土光さん」って呼ばれてたんだ。昭和五〇年代後半だったと思うけど、NHKが、八〇歳を過ぎてもなお、行革に執念を燃やす土光さんの特集をやったことがある。そのとき放映された、家での夕食風景がその呼び名の由来なんだよ。

夕食の膳に並んでいたのは、メザシに菜っ葉、味噌汁と玄米飯だった。視聴者に与えたインパクトは大きかったと思うね。贅沢《ぜいたく》三昧をしてたって不思議はない、それが当然だと皆が思ってる、日本の財界を引っ張る立場にいる人が、家ではそこまで質素な食事をしてる。皆、

「あんなに偉くなっても、庶民感覚を忘れない土光さんは、たいしたもんだ！」

と拍手を送ったんだよ。何かの会合に出席していた土光さんを、浅草の婦人会が待っていて、メザシがいっぱい入った袋を手渡したなんてこともあったんだ。

メザシってのはみごとな演出だよな。おんなじ魚でも、膳にのってるのが鯛や平目、鮪の大トロってんじゃ、イメージがぜんぜん違ってくる。経団連のトップなんだから、それくらいの食事は当たり前だと頭じゃ納得しても、気分としては、

「なんでぇ。うまいもん食っちゃって。そんな生活してるんじゃ、行革なんていっても、庶民の気持ちなんか分かるかよ」

ってことになるだろ。庶民でも夕食のおかずとしちゃお粗末だなって感じる、メザシの効果は絶大だったんだよ。もっと、タネあかしをしようか？　土光さんは確かにメザシが好きだったようだけど、俺、土光家にメザシをおさめてた魚屋と知り合って、聞いたんだ。あのメザシ、一匹あたり四〇〇円だ。けっこうな値段だよ。一山いくらのメザシとはわけが違ってたんだな。

もちろん、世間に値段を教える必要なんかないし、メザシの効果をめいっぱい活用すりゃいいんだよ。それで、「メザシの土光さん」なら行革のリーダーにふさわしいというイ

メージが定着したら、最高の演出ってもんよ。

演出もできないようじゃ、大きくなれないね。俺は二〇年も前から外車を二台持ってたし、家族や社員をつれて海外旅行にも行ってた。

ドバイなんかしばらく前から最高のリゾートみたいに言われて人気だけど、俺はその頃からドバイに行ってたもんな。そんなんだって一種の演出だよ。「職人なんてきついばかりで、ちっとも儲からない」なんて思われちゃかなわないからな。

「痛くない注射針」が大きく取り上げられてから、「岡野は注射針で儲けた」なんて言うヤツがいるけど、冗談言っちゃ困るってんだよ。俺はずっと前から儲けてんだ。つきあいのある人は、俺が昔から外車に乗っかってるのを知ってるよ。

誰にだって自分を演出する材料の一つや二つはあるんだよ。ちょっとおもしろいヤツだと思われてる気配があったら、落語の小ネタでも仕入れといて、なにかにつけて披露すりゃいい。そのうち、「あいつ、めちゃめちゃおもしろい。いいキャラクターしてるな」ってことになっていくもんなんだ。

中途半端におもしろいとか、真面目だとかってのがいちばんいけない。中途半端を突き抜けるには演出だ。これは間違いないよ。

一円も出さずに相手が自分をPRしてくれる方法

仕事じゃ信用が第一だっていうけど、こいつは一朝一夕にはものにできない、頼まれた仕事をきちんきちんとこなしていくしか手はないと思っている人が多いだろうね。だけど、皆が思っていることを同じようにやってるだけじゃ、横並びから抜け出せないんだよ。

振り込みが当たり前になった今でもそういうところはあると思うけど、しばらく前までは、注文をもらった会社に集金に行くというシステムがふつうだった。手形での支払いでも、支払い日になると、みんな手形をもらいに会社に出向くわけだ。

だけど、俺は行かない。絶対、取りに行かないんだ。するとどうなる？　相手の会社じゃ、俺んところに支払いを済ませないことには、経理上の決まりがつかないわけだよ。困るよな。だから、会計係から電話がかかってくる。

人と同じことをしてたら、
どんなに頑張ったって
人と同じにしかなれないぞ

「岡野さん、手形が出てますから、早く取りに来てください」

それも一度や二度じゃない。だって、電話が来たって俺は行かないんだからね。実際は、忙しくて忙しくて、行く時間がなかったんだけどね。

そのうち向こうは、岡野工業って会社が、岡野雅行って男が気になってしょうがなくなってくる。ほかの会社は、支払い日になると雁首《がんくび》そろえるように、待ってましたとばかり手形を取りに来るのに、俺んとこだけ、何度催促しても取りに来ねぇんだからさ。

催促ってのは、お金をもらう側がするもんで、支払う側が「頼むから、もらいに来てくれ」なんてことはまずないだろ。いったいどんな会社だってことになるんだよ。

「おいおい、岡野工業ってどんな会社なんだ？　岡野ってどこまで変わり者なんだ？」

聞かずにはいられないってことになる。担当者は俺のことをよく知ってるから、説明するわけだ。

「岡野さん？　根っからの職人気質っていうか、とびきりの偏屈だね。でも、仕事はきっちりする。腕のほうもとびきりだよ。それは俺が保証する」

担当者の説明が、うちの宣伝になってるんだ。それも、とびきり効果的な宣伝だ。いくら費用を使ったって、こんな宣伝なんてできっこないだろ。それを一円もかけずにやるの

が、世渡り力なんだよ。

その会社にとって横並びだった仕事先のなかで、岡野工業は頭ひとつも、ふたつも抜け出るね。「岡野の親父は変わってる！」。けっこうだねぇ。

変わり者って言われるような人間じゃなきゃダメなんだ。変わってるから、人と違う発想ができるんだし、人と違うものがつくれるんだよ。

優等生と言われて喜んでるようじゃ、先が知れてる。当たり前のことを、当たり前にしかできねぇってのが優等生だもん。

人と同じようにすることが、世渡りのコツだなんて勘違いはするなよ。世渡りにとって〝変わってる〟ってことは、これ以上ないアドバンテージなんだ。美徳と言ってもいいね。

値段が高くても相手が喜ぶワケ

商売のコツは〝安さ〟にあり、なんて考えてないか？　いまの時代、家電量販店なんかはその典型だけど、ほかよりどこまで値段を安くできるかで勝負してる。俺には自分で自分のクビを絞めてるようにしか見えないね。

うちは値段が高い。岡野工業の名前がマスコミやなんかで取り上げられるようになって、最近は、いままでどこもやったことがない仕事は、まず、うちにくる。だけど、その段階でまとまることはまずないね。先方が見込んだ値段より、はるかに高いと感じるからだよ。

高いと感じるっていう言い方をしたのは、うちから具体的な値段を提示することがないからなんだ。そう、**見積もりを出さないのが岡野流だ。**見積もりってのは、材料費に人件費を足して、光熱費なんかの経費を加え、さらに利益を上乗せしたもんだろ。だけど、うちはそれだけじゃ済まない。ノウハウ分があるからだ。

そのノウハウってやつは値段がつけられない。いままで誰もやったことがないことをやるためのノウハウだから、まだ、やってもいないうちから、どれくらい価値があるかなんて判断しようがないだろ？

だから、うちでは先方にだいたいの予算を言ってもらう。「こういう仕事を、このくらいの予算でできませんか？」って具合にね。それを聞いてから、俺が仕事の内容を見て、「これくらいかかるよ」って言うわけだ。たいがいは、「高すぎます」って反応だね。予測が立たないときは、「いくらかかるか分からないよ」って言うしね。

たいがいは、「それなら、ほかを当たります」ってことになる。いくつもの業者を回るんだと思うよ。だけど、どこもできっこない。前例がない仕事だし、できるかどうか分からない仕事を引き受けるところなんかないんだよ。そこで初めて、俺が言っている〝ノウハウの値段〟の意味が分かるんだよ。

結局、俺のとこに戻ってくるしかないんだ。いったん引き受けたら、俺は絶対にモノにするけど、原価が一〇〇万円の金型が、うちでは一〇〇〇万円になる。それでも、発注した会社は喜ぶことになるんだよ。

だって、いままでなかった技術を導入した商品は売れるに決まってるだろ？「痛くない注射針」のテルモは、株価が二倍近くになってるよ。直接うちに関わっている担当者は、当然、出世するって寸法だ。

最初は、「えらく高いことを言うな」ってびっくりするんだろうけど、終わってみたら、「岡野さんと知りあって、ほんとによかった」って言ってくれる人ばっかりだね。そんなことの繰り返しで、かなりの数の企業といいパイプができてる。

いくら値段が高くたって、値段を超える付加価値があれば、それが適正価格ってもんなんだ。

人を喜ばせる気持ちとネタを持つ

人のために何かをしてあげたことがあるかい？　若い人は、こう言うかもしれないね。

「人のためだなんて、自分にはまだまだ。妻子を養うだけでもやっとなくらいだから……」なにも大袈裟なことをしろってわけじゃないんだ。背伸びなんかしなくても、できることはあるはずだろ。自分が食った蕎麦《そば》が旨いなと思ったら、それを誰かに奢るだけだっていい。俺が旨いと思ったものを、あいつにも食わせてやりたいって気持ちが大事なんだよ。

「あいつ、こんなの喜びそうだな」と感じたら、一〇〇円ショップの雑貨をひとつ買って、渡すだけだっていいんだ。

俺にそれを教えてくれたのは、友だちの親父だった。大地主で手広く鉄工所も経営していたから、俺たちからしたらケタ違いの金持ちで、息子と仲がよかった俺のことを、とにかくかわいがってくれた。

家族でスキーに行くといっては、俺も連れて行ってくれたし、温泉にも誘ってくれた。当時、俺が住んでいる墨田区には何台かしかなかった車にも乗せてもらったし、神奈川県の葉山にあるマリーナでモーターボートに乗せてもらったこともあるね。

すき焼きなんてめっぽう旨くて、「こんな食いもんが世の中にあるのか」と思ったね。

敗戦後数年しか経っていない頃だから、想像しろったってできない世界だよ。俺は心底思った。「いつか、こんなことができるようになりてぇなぁ」ってね。

その親父さんが言ってたのが、こんな言葉だったんだ。

「おまえね、ゲンコツを握ってるようじゃダメなんだよ。手は広げなくちゃいけねぇよ」

いま考えたら、これも世渡りってもんを教えてくれてたんだな。お金だってそうだよ。入ってきたお金をゲンコツみたいに握り締めちゃったら、それ以上は入ってこない。手を広げるからこそ、もっとでかいお金をつかめるんだ。

手を広げるってことは、人さまに何かをしてあげるってことだろ。いい思いは自分だけでしないいってことなんだよ。

出会ってから、親父さんは俺の目標にもなった。

「あの人に追いつきたい。いつか追いつくんだ」

そう思うと、どんな努力も苦にならなかったね。頑張りがきくようになったんだ。親父さんと出会わなかったら、いまの俺はなかった。これは確実に言えるね。

うちの会社では、従業員や近所の仲間と一緒に社員旅行で海外に行くのが年中行事になっている。費用はもちろん俺が持つ。飛行機は往復ビジネスクラス、ホテルは一流、旨いもの食い放題って旅だ。

俺は、昔してもらったことの恩返しだと思ってるんだ。遊ばせてもらった分、喜ばせてもらった分、今度は皆に遊んでもらって、喜んでもらうのが嬉しいんだよ。

欧米なんかには行かないよ。出かけるのはいつもヤシの木がある発展途上国だ。昔好きだった『冒険ダン吉』ってマンガがあってさ。少年ダン吉が船で眠ってるうちに南国の島に流されちまって、そこで冒険するって話だけど、俺はすっかりそれにはまって、南国の島が憧れなんだよ。

南国はいいよ。人は明るくておおらかだし、一所懸命に汗を流して働いてる。遊んでいながら、「俺らも帰ったら、頑張んないとな」って気持ちにさせてくれるんだ。旅のなかで人間関係も深まるし、やる気も刺激される。恩返ししながら、また、何かをいただいてるって感じだね。やっぱり、手は大きく広げとかなきゃな。

どんな強敵にもあるアキレス腱を攻めろ

勝負に勝つコツがどこにあるか知ってるかい？
攻めどころを誤らないことだよ。

いくら果敢に攻めたところで、的外れな場所じゃ、相手はちっとも堪《こた》えない。俺たちの技術も、ここだと思うところを狙って、そこを開発するから、大企業がのどから手が出るほど欲しいってものができるんだ。

相手の弱いところ、アキレス腱が最大のねらいどころ、攻めどころだね。技術はもちろんそうだけど、どんな分野にだって必ずアキレス腱がある。それを象徴するような音楽があるんだよ。俺はこう見えても、クラシック音楽が好きで、よく聴いている。

想像がつくと思うけど、モーツァルト、ベートーベンってな「正統派」は好みじゃない。ワーグナーがいいね。なかでも音楽劇の『ジークフリート』は、何度聴いてもしびれる。

ジークフリートはネーデルランドの若き戦士だ。そのジークフリートが魔剣を携えて旅をしている途中、竜にでくわす。こいつが邪悪なうえに巨大なんだ。しかし、そこで怯《ひる》むジークフリートじゃない。魔剣のひと突きで、心臓を刺し貫くわけさ。竜からは滝のように血が噴き出して、ジークフリートの全身に降り注ぐんだ。

血を浴びたジークフリートは、どんな剣や矢が突き刺さっても死なない不死身の体になるんだけど、一カ所だけ弱点を抱えてしまうんだ。背中に一枚の菩提樹の葉が貼りついていて、そこだけ竜の血がかかっていなかったんだな。

この弱点がジークフリートの運命を決める。その後、王位についたジークフリートは、弱点を探り当てた暗殺者によって、投げ槍でそこを狙われ命を奪われるんだ。

このストーリーは「完璧に見えるものでも、必ず、アキレス腱がある」ってことを物語ってるだろ。小泉八雲の『怪談』のなかにも、全身に般若心経を書き込みながら、耳だけ書き忘れて、平家の怨霊に耳を削ぎ落とされてしまう『耳なし芳一』の話があるよな。

ジークフリートの背中、耳なし芳一の耳を、俺たちは知って、そこを攻めなきゃいけないんだ。技術には終着点がないから、いまある技術は、必ず新しい技術にとって代わられる。

だから、どんな大企業だって、技術的に満足しているわけじゃない。「ここがもう少しこうならないか」、「ここを補う技術はないか」って具合に、弱点を分かってるし、そこをクリアする技術を求めてるんだよ。

どこにその弱点があるかをつかみ、いかにそれに対応するかが俺たちの勝負になるし、俺にはいつも勝負に勝ち続けてきたっていう自負があるね。

ただ、大企業ってのはメンツを重んじるだろ。どこかに、たかが社員四人の町工場に「お願いします」と頼むのはいかがなものかって感覚があるんだよ。

俺は自分から売り込むことはしないし、そんな企業とつきあう気もない。大企業のなかにも、妙なプライドなんかにこだわらないで、俺の技術がなんとしても必要だって言ってくれるところが少なくないからね。

4章

仕事の〝敵〟から身を守る「世渡り力」

ナメてくる相手を返り討ちにする方法

誰だって騙《だま》されたくないと思ってるだろ？　だけど、世の中にはいるんだよ、人を騙すヤツがな。俺だって何度も騙されてる。大企業も例外じゃないね。

大事なのは騙されっぱなしにならないことなんだ。

ある大企業と仕事をしたときのことだ。どこに行っても注文通りの金型ができなくて、担当者が俺のところに来たんだな。それまでにほうぼうに頼んでりゃ、取っていた予算も足りなくなる。それで、うちでは金型だけじゃなく、製品までつくって納めるって条件で、話がまとまった。金型代を製品代に乗っけるかたちで請求してくれってわけだよ。

とくに問題なく一年くらいつきあいが続いたんだけど、大企業は人事異動があるだろ？　担当者が替わったんだよ。前の担当者とはきっちり話がついてるのに、新しい担当者は製品の値段が高いだのなんだのと言い出しやがった。

[redacted]様

請求書通り支払って
いただきます
今日中に連絡のない時
は金型を取りはずしに
行きます　値引は出来
ません

18日にも[redacted]様宅へ
お電話しましたが返事が
ありませんでした

東京都墨田区東向島
岡野工業株式会社
TEL.(03) 619—
ファックス (03) 610—

⬆実際に発注元に送ったFAX

担当者が替わったからって、条件まで変えるのは騙し討ちじゃねぇか。

その担当者は製品が高いから金型をただで寄こせなんて、当然のことのように要求してきたんだ。代金もらってないんだから、渡せるもんじゃねぇよ。

そしたら、「だったら金型代は払ってやる」と来やがった。大企業の上から目線ってやつだな。俺はこういうのが大っ嫌いだろ。言ってやったよ。

「うちには金があるから、金型代はいらねぇよ。だけど、代金もらってない金型をそのまま渡すわけにはいかないね。半分に切るからな。それで渡してやるよ」

俺はほんとに金型を切って渡してやった。向こうはまさか町工場がそんなことするなんて思ってなかったんだろ。真っ青になってたけど、騙したのはそっちなんだから、知ったことじゃないよな。

会社の規模が大きくたって、担当者がそんなんじゃダメだね。二年後にはつぶれちゃったよ。騙されたってことに違いはないけど、俺はそこで、「仕事は担当者の人間性を見てするんだ」ってことを改めて実感したね。ひとつ利口になったんだよ。

騙されて、転びっぱなしじゃつまんねぇや。転んでもただでは起きないぞっていう精神でいくんだよ。そうすりゃ、騙されるたびに世渡り力がついていくってもんだ。「よぉし、

NO1 [redacted]へ
[redacted]金型の件

特に当社は加工したいとは思っていません最初からこちらは乗り気ではなかったのですぐに中止しましょうか？
こちらがむりに仕事をやらせてもらいたいとたのんだわけではないのです、気分悪いとこの仕事をしないのが当社の方針です「精度は出せ、金は出さない」という会社との取引はおことわりです、岡野工業を良く調査した上で仕事を頼む事。

NO2
[redacted]に出来る仕事ではないでしょうね、百工程位かけて製作する事が[redacted]さんには丁度お似合のようですね。
[redacted]さんとは当社の社長は今后いっさい話したくないとの事です
[redacted]さんのような人には[redacted]がピッタリでしょう
今だかって[redacted]の仕事をやらせてくれとたのんだつもりはないのですよ その事をよーく考えて[redacted]さんに責任をとっていただきます。今迄の費用は支払っていただきます。[redacted]迄
社長が出向いたことをありがたいと

NO3
思っていただきましょう
おりかえし返事がなければ何回もこの文をファックスで送ります
ファックスて便利ですね。
アハハハハ・・・・・
4月26日午前10.00迄に返事待ってます。岡野。
（[redacted]様にも相談して下さい！）

東京都墨田区東向島
岡野工業株式会社
TEL (03) 619-
ファックス (03) 619-

⬆⬅誰もが知る発注元の大企業に実際に送ったFAX。企業規模の大小は無関係、完全に対等な関係で仕事をする。大企業であることを振りかざして筋の合わないナメたマネをするなど言語道断、泣き寝入りなど一切しないという姿勢が徹底している。「俺は相手がどんな世界的な大企業だろうと、会社の名前では取引しない。担当者が信用できるヤツかどうかで決める」

見てろよ、今度はそうはいかねぇぞ」ってね。

大企業とだって対等に勝負しなきゃいけないってことも、騙されながら覚えたことかもしれないね。大手企業の中には、こっちは下請けだっていう感覚があるから、道理に合わないことを言ってくる会社もあるんだ。仕事をさせてやってるんだから、四の五の言うんじゃないって、どこかで思ってるんだよ。そのペースに乗ったら、下請けで終わっちまうんだ。

大手の企業がわざわざ町工場に仕事を出すのは、自分のところじゃできないからなんだ。自前の設備も技術もない。だったら、頭を下げてお願いされても、エラそうにされるいわれなんかないだろ?

なかには対等に見せて、終わってみたら、担当者がちゃっかり自分の手柄にしてるってこともあるしね。うちも、苦労して開発した技術を、担当者の手柄みたいにされたことがあったよ。こっちには、「はい、ご苦労さん」でおしまい。俺はそんなのは二度と相手にしない。技術の提供なんか、土下座されたってしないね。

大企業が持っていない技術を持っているってことは、胸を張っていいことなんだ。つきあいがなくなるときは、向こうに切られるんじゃない。こっちから切るんだよ。

嫉妬や皮肉屋をやり返す技術

俺は生まれたときから、墨田区東向島という東京の下町にいる。おんなじ土地で生まれ育って、いまもそこで暮らしていると言うと羨《うらや》ましがる人がいるかもしれないけど、そんなに単純なもんでもないんだよ。

まわりも昔っからの住人だから、俺のことはガキの頃から知っている。学校の勉強はしないし、始終、玉の井なんていかがわしい場所を徘徊してたわけだから、どんな評判だったか分かるだろ？

「岡野んとこのあの悪ガキ、どうしようもねぇな。将来、どうなっちまうんだろ？」

言ってみりゃ〝フーテンの寅さん〟だよ。

実際、俺の妹はずっと若い頃の俺を見てきちゃったからだろうな。「男がみんな兄貴みたいだったら、とっても結婚なんかできない」ってんで、嫁に行かなかったもん。東京都の準ミスにまでなったいい女なんだけどね。

俺だって後ろ指をさされてることは分かってたさ。向こうっ気は強いほうだから、いつも「いまに見てろ」と思ってたね。反骨心を燃やし続けながら生きてたんだ。

だけど、若いうちは、なまじほめられないほうがいいんだよ。「あんたが大将、あんたはエライ」なんて言われ続けてると、一丁前にはなれないもんなんだ。チヤホヤされて勘違いして、気づいてみたら〝バカ旦那〟ってのが相場だね。

俺は反骨心をバネに世渡り力を学んで、成功できた。そうなると、まわりはやっかむんだよ。悪ガキだった俺がテレビに出たり、本を出したり、雑誌に取り上げられたりするのが、悔しいんだろうな。

総理時代の小泉純一郎さんが大勢SPを引き連れて、うちの工場を見に来たりすると、もういけねぇや。嫉妬のピークってやつだよ。それまでふつうに挨拶《あいさつ》してた相手が、挨拶してくれなくなっちゃったりとかね。世の中ってのはそんなもんなんだよ。

皆だって、仕事で大成功したり、会社で大抜擢されたりってことになったら、間違いなく〝嫉妬〟の集中砲火を浴びるよ。それまで通りのつきあいなんかできゃしねぇぞ。

そこで、あんまりまわりを刺激しないように、おとなしくしてようなんて考えちゃダメ

やっかみを怖がってると
もっと足を引っ張られるぞ

だよ。弱気になったら嵩《かさ》にかかってくるのが、嫉妬にかられた人間なんだ。

大成功したのも、大抜擢されたのも、自分にそれだけのものがあるからだろ？　だったら、大威張りでいりゃいいんだよ。

「おまえ、ずいぶん偉《えら》くなったもんだな」

なんて嫉《ねた》みたっぷりの皮肉には、やり返してやりゃあいいんだ。

「おう、ありがとよ。努力した結果ってもんだな。おまえも、俺の半分くらい努力してりゃあ、ちっとはマシになったのによ」

このくらい堂々としてりゃ、相手も、「こいつにはかなわない」ってすごすご引き下がるしかなくなるもんなんだよ。そいつを逆手にとってもっと上を目指せばいい。

やっかみなんかに負けるなよ！

義理を欠いたツケは必ず戻ってくるぞ

俺は「義理を欠く」ってことがいちばん嫌いだ。義理だなんていうと、「古くせぇ」と思うかもしれないけど、人づきあいで義理ほど重要なものはないよ。

最初に仕事を紹介してくれた人、情報を持ってきてくれた人、つまり、最初に井戸を掘った人の恩は、絶対に忘れちゃダメだ。

仕事がうまくいったりすると、そのきっかけをつくってくれた人のことなんかすっかり忘れちまって、自分だけの力でそこまで行ったと勘違いするヤツがいるだろ？　義理を欠いていると、そのツケは必ず回ってくるんだよ。

俺にもこんなことがあった。うちが開発した仕事を、俺のところじゃまかない切れなくなって、ある会社にまかせたことがある。金型から一切合切渡して、引き継がせたんだ。いくらでやるかは言い値でいいからってことで見積もりを出させたら、一二〇円の単価をつけてきた。うちでは単価三八円でやってたから、うち経由で発注元に納めると、一個あたり一八円がうちの実入りになる。その会社には十分儲けがあったはずだよ。だけど、二年、三年たつうちに、欲のツメが伸びてきたんだな。うちの存在が目障りになってきたってわけだ。発注元に直談判に行きやがった。

「御社が岡野さんのところに出している仕事は、じつは、うちでやらせてもらっている。それでは御社もコストがかかるだろうから、直接うちにやらせてもらえないか」

そんな話を持ちかけたらしい。ほかの会社のやり方をとやかく言うつもりはねぇから、それはそれでかまやしないけど、順番が違うだろ。まず俺のところに来て、「これこれ、こういう事情でこの仕事を発注元と直でやらせてもらえませんか?」ってのが筋だよ。

俺はその会社の上の人間に、なんで、いきなり発注元に行ったのかを聞いた。答がふるってたよ。

「うちは岡野のところより大きい。そのうちが岡野の下請けなんかやりたくない。発注元と直に取引したいんだ」

うちが井戸を掘ったことなんか、すっかり忘れちまってるって言い草だ。「じゃあ、勝手にやれよ」って言うしかなかったね。

発注元だってそんなに甘かねぇよ。三八円って値段は、相手が岡野工業だからついた値段なんだ。うちが技術開発をしてるんだからね。そのうちが外れたら、事情は変わってくるのが当然だろ？　金型からノウハウから全部、うちから譲り受けただけのその会社に、同じ値段なんかつけるわけないいんだよ。

直接取引を始めたとたん、発注元は単価を一五円に下げたんだ。俺に義理を欠かなきゃ二〇円だった仕事が、五円のコストダウンだよ。俺だってもう、その会社のことをあれこれ斟酌《しんしゃく》する必要なんかないよな。得意先のなかには、その技術とノウハウを売ってくれっていう会社がいっぱいあったから、大会社を選んで売っちまった。

その会社にしか教えていなかったノウハウが、大会社の手に渡って、そこでもつくり始めたわけだから、値段はますます下がるさ。単価は一〇円になった。その会社はどうなったかって？　とっくにつぶれちまってるよ。

因果応報なんてちょっと抹香くさい言葉もあるけど、義理を欠いたことをやってると、こんな顛末《てんまつ》を迎えることになる。**自分じゃうまく立ち回ったつもりで、「してやったり」なんて思ってても、お天道さまはお見通し、頭隠して尻隠さずっていう無様《ぶざま》なことになっちまうんだ。義理人情を忘れた世渡りをしちゃいけないよ、これだけは。**

「前例がない」を盾にとる人を突き崩すには

大企業の妙なプライドってやつが俺は心底嫌いだ。

俺たちが新しい技術を開発するだろ？ それが大企業にとって必要なものなら、「その技術を使わせて欲しい」って素直に言えばいいんだよ。

大企業は言わないね。社内にいる、りっぱな大学や大学院を出て博士号なんか持ってる技術者が、何人かかってもできなかったことを、俺たちがやってのけたってのが、気に入らないんだ。

持って行った技術を握りつぶされたってケースも少なくないね。技術革新より企業のメンツを重んじるんだから、バカな話だよ。

俺にもこんな経験がある。俺が開発した製品に、ある大企業の担当者が興味を持ったんだ。だけど、採用するかどうかは担当者レベルでは決められない。そこで、俺から上司に直接説明して欲しいと、プレス機メーカーの所長に頼まれたんだ。

俺は大企業に足を運んで、上司に説明したよ。俺の話を聞いた上司はこう言ったんだ。

「岡野さんに、こういうものをつくる技術があることは分かりました。しかし、岡野さんはうちでの実績がないですね。仕事をお願いするわけにはいきません」

俺はなにも、仕事をさせてくださいって頼みに行ったわけじゃねぇんだ。プレス機メーカーの所長が「説明しに行って欲しい」って言うから、行ったまでだよ。大企業でふんぞり返ってる人間ってのは、「小さな会社はみんな、へいこら頭を下げて、『ちょうだい、ください』と仕事を欲しがるもんだ」と思ってんだな。

ナメてもらっちゃ困るってんだよ。実績があろうがなかろうが、技術がすぐれてればそれを認めて採用するのが器量ってもんじゃねぇのか。

俺も頭に来たから、一言いってやったね。

「実績かい？　そしたらあんたは、女房をもらうときも実績で決めたってわけだな。いったいどんな実績があったんだい？」

あっちも血相が変わって、大ゲンカになった。その後、上司から手紙で、仕事をしたいようなことを言ってきたけど、冗談もたいがいにしろってんだよ。

「無理だよ。おたくの会社はうちと取り引き実績がねえじゃねぇか」

これでおしまいにした。

相手が大企業だからって、卑屈になることはないんだよ。何を言われても言われっぱなし、無理も聞きっぱなしになってるから、向こうは図に乗るんだ。

理屈が通らないことには、捨て台詞のひとつも浴びせてやるってくらいの腹がないと、中小企業、零細企業の悲哀はなくならないね。

ちゃんとした技術なら、欲しいってところはいくらでもあるんだ。大企業の看板を鼻にかけて、実績だなんだと言ってるようなところの顔色を窺《うかが》いながら仕事をするこたぁないんだ、覚えときなよ。

裏切られてもへこまなくていい

仕事ではきっちり筋を通す。俺は絶対その信念を変えない。だけど、世の中にはいろんな経営者がいるよ。裏切られた経験だってたくさんあるさ。

ある金属加工の会社から開発の依頼を受けたことがあった。そこはエアコンの部品をつくっていて、冷暖房を切り替える四方弁《しほうべん》の開発を、うちに頼んできたわけだ。

金型をつくりあげて、しばらくはうちの工場で四方弁をつくっていたんだけど、はっきりいって、いったんモノができあがったら、俺は興味がなくなる。いつも「誰もやっていないこと、誰もできないモノをつくること」に関わっていたいんだよ。そこで、四方弁の金型から技術から、全部をプラントにして売ってしまった。

相手は近所にある会社だった。そこの社長は、そのときやっている仕事では将来がないと考えていたみたいで、ぜひ新しい仕事をやりたいってことだったんだ。

プラントがあったって、職人がいなきゃ仕事にはならない。だから、知り合いの職人を紹介して、独自のお得意が見つかるまで、うちが外注するかたちで、その会社に四方弁の仕事をやってもらうことにしたんだ。

職人三人で一か月の売上が六〇〇万円。職人一人が月に二〇〇万円稼ぐんだから、効率的には悪かねぇよな。だけど、その社長は気に入らなかったんだよ。俺が紹介した職人から情報が入ったね。その社長が、「儲かんない、儲かんない」って年中、グチっぽいことを言ってるっていうんだ。

そこの会社が前からやってる仕事は年間、何億円かを売り上げていた。四方弁が稼ぐっていっても、せいぜいが年間七〇〇〇万円か八〇〇〇万円だから、額が小さくてうまみが少ないってことだったらしい。

じゃあ、何億円か稼ぐ従来の仕事には、いったい何人、人手をかけてるってんだよ。職人一人あたりに換算して、四〇〇万円も五〇〇万円も稼いでるのかってんだ。現場をちゃんと見てれば、「三人でこの売上なら上等じゃないか。こいつはいい仕事だ。岡野には感謝しなくちゃ」っていう当たり前の判断ができないはずはないんだよ。そんなことは、経営者のイロハだと思うんだけど、数字ばっかりに目がいって、現場がぜんぜん分かってない経営者も少なくないのが実情だね。経営者が世渡りの基本を知らなきゃ、話にならねぇよ。

案の定、その会社は、

「岡野のところみたいな小さな会社の下請けなんか、ほんとはやりたくないんだ」

なんてごたくを並べ始めた。ジョートウだよ！　こっちは「やってください、お願いします」なんてただの一度だって言ったことはねぇんだ。俺はそことのつきあいをきれいさっぱり断って、四方弁の仕事を引き上げた。裏切られたって気分にはなったけど、恨む気持ちはなかったね。

裏切られるってことは、自分を鍛える経験でもあるんだよ。人間いろいろ、仕事もいろいろだってことを、身にしみて知ることになるし、自分がしちゃいけないことを教えてもくれる。

本やネット情報をいくら読んだって、「へぇ、世の中、こんなこともあるのかね」くらいのことでしかないけど、実体験は重みが違う。必ず、自分の血にもなり肉にもなるんだ。だから、裏切られたからって〝へこむ〟ことなんかない。世渡りを学ぶいい機会だっていうくらいに考えてりゃいいんだよ。

そのときは、引き上げた仕事をそのままやるってのは性に合わないから、プラントを完全自動化にして、その後、六年くらい続けた。人手がいらず、機械が勝手につくってくれるんだから、悪くない仕事だった。

俺は何度裏切られたって屁でもないね。極端なことをいえば、全財産がなくなるようなことになっても、なんともないよ。そこが職人の強みなんだ。腕さえあれば、すぐに稼ぐことができるのが職人だからね。

手に職をつけるってことは、どんな時代でも武器になるんだよ。

別荘と愛人はゼッタイ持つな！

俺には人生の師として、いまも敬愛している人がいる。玉の井の面々をはじめ、いろんな人から世渡りを教わったけど、「核」といえばその人だな。まだ、先がどうなるか分からなかった若い頃に言われたのが、こんな助言だった。

「将来、成功したとしても、別荘と愛人だけは持つなよ。一生維持できるわけはないんだから、それだけはやめるんだよ」

仕事がうまくいって、どんどん儲かるようになると、別荘のひとつも持つか、愛人でも囲ってみるかってことになりがちだろ？　金持ちにとっちゃ、いちばん分かりやすいステイタスなんだよ。俺もずいぶん遊んだけど、この言いつけだけは守った。

人間、一寸先は闇、いつ左前になるか分からねぇし、そうなったら別荘や愛人はステイタスから一転、手枷足枷になっちまう。別荘なんか維持できないし、金回りが悪くなりゃ、愛人ともめるのは必至。金の苦労に気苦労が重なって身動きできなくなるんだよ。

いくらお金を持っても、身のまわりにはできるだけ余計なものをくっつけないで、シンプルにしとくのが、生きたいように生きるコツだってことを教えてくれたんだって気がするね。助言を守ったおかげで、いまの俺があるんだって思うよ。

プレスの仕事を始めようと考えたときも、その人には貴重なアドバイスをもらった。うちの親父は金型の職人だったから、プレスの分野は詳しくない（169ページ参照）。プレスを始めるんなら、親父の下で修業するより、苦労を買ってでも、どこか外へ出てプレスの技術を身につけたほうがいいんじゃないか。俺はそう思って、相談したんだよ。

「いいか、苦労ってものはな、こっちからわざわざしに行くものじゃないんだ。黙ってたって、向こうから来るんだから、しに行くことはないんだよ」

そう言われて俺は、親父のところにいたんじゃ、プレスの技術を磨けないってことを力説した。そのとき、その人はこう言ったんだ。

「本があるじゃないか。本を買って勉強すればいい。日本橋の丸善ってとこに行くと、外国のプレスの専門書がある。それで勉強したらどうだ」

外国の本なんて読めないよ俺は、日本語だってあぶねぇんだから。そう言うと、

「おまえも職人だから、イラストと図面を見ていれば、なんとなくわかるもんだ。見るだけでも勉強はできる」

半信半疑だったけど、俺は丸善に行ってドイツの『プレス便覧』って本を買った。当時、一万二五〇〇円の値段だったから、超高額出費だよ。ドイツ語はさっぱり分からなかったけど、写真や絵、図面を見てるだけで、おもしろかったね。

俺はその本を二〇年間、毎日、眺めてすごした。それでプレスの基本も覚えたし、プレスの技術が奥の深いもんだってことも分かった。その人がアドバイスをくれなかったら、その本と出会わなかったら、ここまで本腰を入れてプレスの技術と取り組むことはなかったかもしれないな。

「やりかけた仕事は、必ず、最後までやりとげろ」っていうのもその人の教えだ。いったん仕事を始めたら、いくら失敗しようが諦めないっていう、俺の仕事のスタイルの原点になっているのが、その教えだよ。いまも何かにつけてその人のことを思い出すけど、人と出会うってことは何か意味があるんだよな。意味なく終わらせちまうのは、感性の問題だって気がする。感性を鈍らせちゃいけないよ。

何かしてもらったらお礼を四回言え

いまの若い人を見てて、いちばん気になるのが「言葉の貧しさ」だね。昔は、ぐうたら亭主は家で「めし」、「ふろ」、「ねる」の三言しかしゃべらないなんて言われたもんだけど、いまはもっとひどいんじゃねぇか。朝の挨拶が「どうも」、何かご馳走してもらっても「どうも」、お礼だって「どうも」……。何でも「どうも」で済ましちまってるのが少なくない。

おかしかないかい？

俺は玉の井のお姐《ねえ》さんからこう教えられた。

「いいかい、人さまに何かしてもらったら、四回お礼を言うんだよ」

たとえば、誰かにご馳走してもらったら、食事が終わったときに、「ごちそうさまでした」は当然だよ。だけど、それだけじゃいけない。**次の日に、「昨日はごちそうさまでし**

た」、次の週に会ったら、「先週はごちそうさまでした」、次の月になったら、「先月はごちそうさまでした」と、ここまでやんなきゃ、感謝の気持ちは伝わんないってことなんだよ。

俺は奢《おご》るのが好きだから、なにかにつけて、「めし食いに行くか?」ってことになるんだけど、その後の対応はマチマチだね。翌朝一番で電話をかけてきて、「昨日はどうもごちそうさまでした。すごくおいしかったです」ってのもいれば、昨日のことは昨日のことって感じで、顔を合わせても一言もなしってのもいるね。

そんなのには二度と奢る気はしないよ。こっちはせっかく、「こいつに旨いもん食わせてやろう」って気持ちで連れて行ってるのに、黙々と食ってるだけじゃ失礼だってんだよ。「これ、旨いっすね」くらいのことは言えるだろってんだ。

何かしてもらってお礼のひとつも言えないようじゃ、自分が損するんだよ。「もう、あいつは誘わない、奢りたくない」ってことになって、一人去り、二人去り……。気がついたら、まわりに誰もいなくなっちまったってことになるんだ。人間、そうなったらおしまいだよ。

昔の親は、学問はなくても、人間として当たり前にしなきゃいけないことは教えてたもんなんだ。親が教えなきゃ、俺がそうだったみたいに、まわりにいるお兄さん、お姐さんが教えてくれた。
いまの親は教えねぇもんな。親からしてできねぇんだから、教えようがないってのが、ほんとのところだけどな。だったら、自分で覚えるっきゃないだろ？

「ありがとうございました」、「ごちそうさまでした」を四回も言ってみなよ。こんなご時世だから、相手は感動だよ。「あいつ、次もまた誘ってやろう」ってことに必ずなる。そうやって、情が通ったつきあいが深まっていくんだよ。

奢りがいがある人間、誘いがいがある人間になってくれよ。

「相手が絶対食べたことがないもの」を贈る

人間、一人で生きてるわけじゃないんだから、誰にだって面倒を見てもらった人、世話になった人がいるだろ？　その人たちへの感謝を忘れたら、罰が当たるってもんだな。

俺は恩を受けた人には盆暮れとか、決まった時期とかに、必ず何か贈るようにしてるね。

仕事が忙しくて俺がうっかり忘れたときには、黙ってかみさんがやってくれるよ。

受けた義理には報いる、いただいた人情には応えるのが、生きてくうえでの基本なんだ。

義理と人情を欠いちまったら、仕事もうまくいかない、商売だって成り立たねぇよ。

俺は変わり者だから、当たり前のものは贈らないね。「これは絶対食ったことないだろうな」ってものを選んで贈るんだ。

たとえば、鮭の切り身。ふだん食ってる鮭の切り身っていえば、そこらで売ってる一切れ一三〇円かそこらのもんだろ？　**俺が贈る鮭は一切れ一三〇〇円はする。**受けとったほうは、最初、「なんだ、鮭の切り身か」って思うわけだよ。珍しくもなんともねぇんだからさ。だけど、食ってみたら、ぜんぜん違う。「旨い！　こんな鮭があるのか？」ってことになるんだよ。一見何の変哲もないけど、味わってみたら違いが分かって、相手が唸《うな》る。それで相手が、

「岡野が贈ってくれるものは、いつも粋《いき》だね。しかけがあるっていうか、遊び心を感じさせるな」

なんて思ってくれたら、俺は嬉しいんだよ。

一度受けた恩は一生のものだと思うね。世話になったのが一回こっきりだとしても、その人が自分のために何かしてくれたって事実は、消えてなくなるわけじゃねぇんだよ。だから、感謝の気持ちにだって終わりはないんだ。

遠く離れている人、めったに会えない人とだって、感謝の気持ちを贈りつづけていれば、つながっていられるんだよ。どこかでいつも気にかけていてもらえるもんなんだ。何かあったときには、

「今度こんな仕事を始めたんだけど、そちらの仕事と関連があるんじゃないかい。何か一緒にできることがあればいいと思って、連絡してみたんだよ」

なんて朗報が舞い込むってことも考えられる。

世話になるときだけいい顔して、あとは知らないってことじゃ、絶対、そういうことにはなんないね。損得勘定だけはうまい、調子がいいだけの人間っていう烙印を押されちまう。

そうなったら、いくら頭を下げて頼み込んでも、動いてくれっこないね。感謝を忘れるってことは、大切な人脈を自分から手放すってことなんだよ。

チャンスは人が持ってくる

どうにかチャンスをつかめないか、どこかでチャンスに出会えないか。誰でも心のなかでそう思ってるんじゃないかな？　だけど、漫然と待ってたってチャンスをものになんかできないよ。

俺は、チャンスは人が持ってくるものだと思ってるね。

だから、人とのつきあいを大切にしなきゃいけないんだよ。いい加減なつきあい方をしてれば、大きなチャンスを抱えた人だって、素通りしちまう。たとえば、自分の仕事に役立つからと、誰かを利用して、自分だけいいとこ取りなんかしてみなよ。

「いい情報があるけど、あいつにだけは教えないぞ」

ってことになるんだよ。そんなふうに離れていった人は、二度と戻っちゃ来ないね。目先の利益に目がくらんでると、大きなチャンスを逃すことになるもんなんだ。

俺がお得意や取引先の人を、海外旅行に連れて行くのも、つきあいを大切にすることの一環だよ。一緒に行った人は、その話をいろんなところでする。

「岡野さんはすごいよ。このあいだは、海外に連れて行ってもらった。あんなに気前がいい人はいないね」

これは俺個人だけじゃなく、岡野工業の強烈な宣伝になるんだよ。人づてに聞いた人のなかには、「岡野って男に会ってみたい。機会があれば、仕事をしてみたい」って考える人が出てくる。テレビＣＭなんか流すより、よっぽど効果があるね。

ＣＭは誰だって話半分以下にしか受け取らないよな。でも口コミは違う。実際に俺を知ってる人、俺と仕事をしてる人が発信源になった口コミ情報の信憑性は、比べものにならないくらい高いんだ。

つきあいにお金を惜しんじゃいけない。飲み食いするのにそんなにお金を使うのはもったいないなんていうのは、世渡りが分かってないヤツの考え方だね。

しみったれてたんじゃ、大きなお金はつかめない。お金は、使うから、まわりまわって大きくなって戻ってくるもんなんだよ。

俺は若いときに、それを目の当たりにしてきたからね。成功してたくさんお金を稼いでいた人は、俺たち若造にもほんとに良くしてくれた。人のために、人を喜ばせるためにお金を使うことが、もっと自分を大きくするってことを知ってたんだよ。セコクセコクため込もうなんて気持ちだったら、人間、縮こまっちまうだけなんだ。

俺のところに持ち込まれる仕事は、人とのつきあいのなかで生まれたものがほとんどだよ。誰かれとなく、

「こういう仕事だったら、岡野さんのところに持って行くといいよ」

と言ってくれる。そんな人がいっぱいいるんだ。幸せな話だろ？　杓子定規な教育じゃ、お金は無駄づかいしちゃいけない、もったいない使い方をしちゃいけないなんて教えるけど、俺はまったく反対だね。

子供の頃から、「お金は使え！」って教えなきゃダメなんだよ。つきあいを大切にして使うお金、人を楽しませるために使うお金に、無駄なんてことはありゃしねぇんだ。全部、生きた使い方だよ。

いいかい、ケチケチすんなよ！

5章

遊びから最高のアイデアを生むコツ

世の中のことは全部「玉の井」で教わった

世の中のことを教えてくれるのは学校じゃない。つくづくそう思うね。学校嫌い、勉強嫌いで、中学校（国民学校高等科）を中退しちまった俺は、遊びながら世の中のことを学んだ。なにしろ、遊ぶにはもってこいの環境だったからな。

俺が生まれ育った墨田区向島は、いまの歌舞伎町とか六本木みたいな町だった。いろんな種類の人たちが蠢《うごめ》き合い、生々しい人間模様を繰り広げていた。レビューや演劇、映画、芸能のメッカ浅草も近い。そんなところにいりゃあ、好奇心が疼《うず》かないわけがない。

いちばんの教材は玉の井だった。玉の井ってのは戦前からある遊廓だ。色っぽいお姐さん、訳ありのお兄さんたちがひしめいていた。毎日出入りしていりゃ、顔見知りにもなる。俺はお姐さん、お兄さんたちにくっついて、使いっ走りみたいなことをするようになっていた。

タバコでも石けんでも薬でも、言いつけられたものを買ってくると小遣いはくれるし、食堂にお供すりゃ、旨いもんも食わせてくれる。休みの日なんかは、江の島に繰り出すってんで誘いがかかる。早めに駅に行って席をとっておきなってわけだ。

そんなことをしてるうちに、自然に人間関係の機微みたいなもんが分かってくる。人にはどう接したらいいのか、ものを頼むときはどうするのか、うまい人あしらいってのはどんなものなのか……。そんなもん、学校じゃあ、頼んだって教えてくれないよな。

銭湯に行くと、背中にきれいな彫り物をしたお兄さんたちが、昼間から湯に入ってるんだ。こっちも調子がいいから、背中を流したりする。義理人情の世界にいるお兄さんたちだから、流させっぱなしになんかしやしないよ。上がると「おらよ」と小遣いをくれて、俺たちは湯上がりにコーヒー牛乳やサイダーにありつけるってことになる。

お兄さんから聞いた忘れられない話もあるね。その人の彫り物は変わっていて、額に小さな蜘蛛の巣が彫り込んであって、そこから下に蜘蛛の糸が一本伸び、金玉のところに蜘蛛がぶら下がってるっていう、見たこともない〝珍品〟だった。昇り竜とか弁天さんとかじゃないんだ。不思議に思って、なんでそんなもんを彫ったかを聞いたんだ。すると、お兄さんはこんな話をしてくれた。

ある男がさんざん悪さをして、地獄に落とされた。それをお釈迦さまが極楽の蓮池から見る。男は地獄に落ちる前に、たった一回だけ蜘蛛を助けたことがあったんだ。そのことを知ってお釈迦さまは、地獄からはい上がるための一本の蜘蛛の糸を地獄に垂らすんだよ。「ありがてぇ」ってんで男は蜘蛛の糸にぶら下がって昇り始める。

ところが、しばらく昇って下を見ると、ほかのやつらも糸にとりついて昇って来てるのが見えたんだ。「おまえらまでぶら下がったら、糸が切れるじゃねぇか。こいつは俺の糸なんだ。おまえら、降りろ、降りろ」。男はそう叫んだ。男に慈悲のかけらもないのをお釈迦さまが悲しむと、糸は男の上のところでぷっつり切れてしまうんだよ。

ガキだった俺たちにも、世の中、自分だけよくなろうとしちゃ、ロクなことにはならないんだってことが、よぉく分かった。胸にしみたね。それから、俺はこの話を忘れたことはない。

玉の井は雑多な人間たちのるつぼだった。そのなかにいると、人のこと、世の中のことが学べるんだよ。俺は人を見る眼力には自信があるけど、それも若い頃に玉の井に入り浸っていたおかげだね。

いま、俺のところにはいろんな人間が仕事の話を持ってくるけど、そいつが信用できる

⬆かつて遊廓・玉の井があった界隈。今の歌舞伎町と六本木を合わせたような歓楽街だった。芸者、噺家、役者、女優などが連日連夜集い、生々しい人間模様を繰り広げるなか、お使いに行く若い者だからこそ、一流人たちの素顔や本音の部分などの舞台裏を見ることができた。いまでいえば、正社員よりもバイトのほうがいろんな場面に立ち会えるといった状況に似ている。こうして人や情報、お金とはどういうものかを学び、「世渡り力」を鍛え上げた。

かできないか、言っていることはほんとか与太話か、一発で俺は見抜く。おいしい話に騙されることなんてないね。それができるのも、さんざん遊んで、たくさん人とつきあってきたからなんだ。

子供の頃から勉強、勉強って言われて、社会人になってからもまだ勉強しようなんて人が多いけど、俺は、「おいおい、そんなことで大丈夫かよ?」って言いたいね。危なっかしくて見てられないんだよ。

世渡りでほんとに大事なことは、教科書にも参考書にも書いてないぞ。どんな本を読んだって、世渡りの役になんか立ちゃしないんだよ。俺は小卒だけど、玉の井ではきっちり学ばせてもらった。世渡りにかけちゃ玉の井大学の大学院まで出たって感じだな。

〝一流〟からアイデアのヒントを盗む

自分を高める、レベルアップするには、どうすればいいかなんて考えることがあるだろ。これはもう決まってるんだ。一流のものを見ること、一流に接することだね。一流を知らなきゃ、進歩なんかねぇよ。

分かりやすい話をしよう。昼飯でも晩飯でもいいけど、天ぷらを食うとするだろ。つまんねぇ店で「上」の天ぷらを食ったって、胸やけするんだ。油がいんちきだからだよ。ところが、一流の店だと、いちばん安い天ぷらだって胸やけなんか、絶対しないね。ネタや衣はもちろん、油も吟味されてるんだ。これが一流と二流以下の仕事の違いだよ。

すき焼き屋なんかでもそうだよ。けっこう名が知れてる店でも、こんなことがあるんだ。二、三人で食いに行ったときは、質のそろったいい肉が出てくる。だけど、人数が一〇人、二〇人になると、同じ肉が出てこない。バラツキがあるんだな。これじゃ、一流とは言えないね。

いつ行っても、何人で行っても、おんなじ肉を食わせるのが一流ってもんなんだ。

こればっかりは自分で経験しないと分からないね。俺が一流のすごさを実感したのは、舶来の背広を買ったときだった。ふだんは背広にネクタイなんて格好はしないんだけど、たまたま必要になって、買ってきたんだ。けっこうな値段だったけど、これが着心地がいいなんてもんじゃない。着ているのを忘れちゃうくらいなんだから。

よく、飛行機や特急で、座るとすぐ上着脱ぐ人がいるだろう？　あれはそんなにいい服じゃないってことだよ。

そこで、デパートでオーダーするときにその背広を渡して、おんなじようにつくってくれって言ったわけさ。現物の見本があるんだから、つくるのは造作もないと思うだろ？　ところが、できないんだな。デパートの担当者はいろんな洋服屋を当たったらしいけど、どこもできなかったらしい。

一流のものはマネしようったってできないんだよ。逆にいえば、簡単にマネできてしまうものは一流じゃないってことなんだ。

さっきの天ぷらの話でも、俺がよく行く銀座の老舗は、最低でも一五年以上修業をつんだ職人じゃないと、客の前で天ぷらを揚げさせない。きのうきょう始めましたっていう天ぷら屋が及びもつかないのも当たり前だよ。一流ってのは何から何まで違うんだ。

一流を知るってことは、ただの贅沢じゃないんだよ。一流には一流たらしめてる理由が必ずある。背広だったら、生地の選び方とか使い方、裁断や縫製にもアイデアや工夫が凝らされてる。どうしたら着心地がいい背広に仕上がるかを、徹底的に研究されてるんだ。

それがどんな仕事でもヒントになるんだよ。「ほかと何が違うんだろう?」って考えるだけでも発想が広がるし、「そうか、ここに秘密があったんだな」なんて発見があれば、自分の仕事への向きあい方も変わってくるんだ。

上には上がある、最高のものは伊達《だて》じゃないんだってことを知るだけでも、大きな意味があるね。二流、三流しか知らなきゃ、「まぁ、俺もそこそこだし、こんなもんだな」で終わっちまう。**一流を知ってはじめて、**

「こんな考え方もあったのか?　俺もまだまだやらなきゃいけないことがたくさんあるな」

ってことになるんだ。二流、三流は、「目からウロコ」をもたらしちゃくれない。一流だけが目を開かせてくれるんだ。

お金がなくても一流は見られる

俺は、お金がない頃から、一流を見る努力をしてきた。

そうたびたびはできねぇよ。しっかり貯めて、一年にいっぺん、かみさんと一流のホテルへ行くんだ。フロントの受け答えから違うだろ。部屋の設《しつら》え方だって、レストランの料理だって、一流なりのもんがある。

「やっぱりすげぇな。月に一回か二回、来られるようになりてぇな」

なんて話しながら帰ってくるわけだ。仕事にもいっそう身が入ったね。「絶対、しょっちゅう行けるようにならなきゃいけねぇぞ!」って燃えるわけだよ。もう、一所懸命だもん。

「すげぇな」と感じたところは、なんとか自分の仕事に生かせないかって考えた。いろんなことを吸収させてもらった気がするね。一流ってところには発想力を刺激してくれるも

んがいっぱいあるんだ。

俺は職人だから、

「おおっ、このライトの金具はずいぶん変わった形だな。実用的でしゃれてるし、すげぇな、こいつは。いったい、どうやってつくるんだ？」

ってふうに思いが向く。それが実際の仕事でもどこかで役に立つもんなんだよ。

これは海外旅行に行くようになってからだけど、東南アジアで驚いたことがある。一流のレストランで食事をしてたら、出てきたスプーンが日本にあるものとは様子が違うんだ。ふつうのスプーンは握る部分が平べったいだろ。だけど、そのレストランのやつは円柱になってた。金属の板を丸めてつくってあったんだ。

じつはこの発想、「痛くない注射針」とまったく同じなんだよ。製品としてはぜんぜん違うけど、この国にも俺とおんなじ発想をしたヤツがいたんだなって、なんだか嬉しくなっちまったね。

この間は、日本にひとつしかない六つ星のホテルに泊まった。六つ星といやぁ、一流でも群を抜いてる。掛け値なしの最高級だ。感動したよ。なんたって、トイレがすごかった。トイレに入るだけでいい香りが出て、便座が温まるようになってるんだ。居心地がいいっていうのも変だけど、使う人のことをとことん考え抜いてるなってことが伝わってくるんだよ。

あんまり気に入ったんで、家のトイレをそっくりそのままに改装しちゃったよ。そう、俺の家のトイレは六つ星ホテルとおんなじなんだ。もともと、スペースが広くて、アイデアを捻《ひね》り出すときには、トイレの床にゴロリと横になって、あれこれ思いをめぐらせるってのが俺の流儀だったんだけど、すげぇトイレができたことで、ひらめきがグンと増すような気がしてるんだ。

行きつけの居酒屋で、毎度お馴染みの憂さ晴らしをしてる場合じゃねぇぞ。少しばかり安手のストレス解消は我慢して、パッとお金を使うつもりで一流を知ってみろよ。絶対、自分のなかで、何か変わるもんがあるよ。

一流を見せてくれるリーダーとつきあえ

お金がないから、一流を知るのは無理だなんてのは、言い訳だね。確かに一流を知るにはお金がかかるよ。そのお金がないんだったら、頭を使うんだよ。

昔の芸人は心得てたね。まだ売れちゃいないないからお金はない。だけど、いつもいいもん食って、いい着物を着てる。かわいげがあるから、タニマチ筋みたいなのがついて、「おい、旨いもん食いに行くぞ」、「買い物行くから、つきあえ」なんて、なにかにつけて声をかけてくれるんだ。そうやって一流を知って、芸に磨きをかけていったんだな。

お金がないもん同士で群れてたってダメなんだよ。大事なのは、一流を見せてくれるリーダー格が一人いることなんだ。その人と行動をともにしてりゃ、自分にお金がなくたって、必然的に一流どころを知ることができるじゃないか。

自分の持ち味をさらけ出す気がありゃ、引き上げてくれる人が出てくるもんなんだ。

太鼓持ち？　いいねぇ。一流を見せてくれる相手だったら、太鼓持ちに徹しちまえばいいんだ。恥ずかしい、惨《みじ》めだなんてことは、ぜんぜんないよ。太鼓持ちってのは人づきあいの達人なんだ。「こいつといると、おもしろい、楽しい」って思われなきゃ、太鼓持ちはつとまらない。人間的に魅力がなきゃ、太鼓持ちの資格はないんだよ。

俺は太鼓持ちをしてたからこそ、ふつうじゃできない勉強をさせてもらったと思ってるね。大地主で鉄工所をやってた親父さんには、感謝の言葉がないほど世話になったけど、息子とも友だちだったから、よくつるんでいたんだ。

あるとき、その友だちが得意先の大企業の人間を接待することになった。接待場所は当然一流、銀座の有名キャバレーだ。「岡野、おまえも来ない？」って声がかかったら、こっちに嫌のあるはずもない。二人して銀座に乗りつけた。

「きょうはよ、あいつにリベートを渡すことになってるんだ。金を渡したら、あいつは絶対に小便のふりして便所へ行くよ。金を勘定するんだ。おまえ、よく見とけよ」

キャバレーに入ってしばらくしたら、友だちがそう言うんだ。俺は生々しいリベートの受け渡し現場を目撃した。親父さんの会社が、そうやって大企業とつながってるのも、世渡りはきれいごとを並べてるだけじゃできないってことも肌で感じたね。

頭がいいのと利口は違う！

学歴がないなんて嘆いてるのがいるだろ。そんなに一流大学を出た人、その上の大学院を卒業した人が羨ましいかい？　学歴のなさじゃ、俺は人後に落ちねぇぞ。幼稚園は三日でやめたし、小学校に入学してからも勉強は大嫌いだった。入ったのが「更正国民学校」ってのも嫌だったね。純真無垢な小学一年生のどこを更生させようってんだよ。まぁ、これは冗談だけどさ。

だけど、勉強しなかったから、頭のほうの容量は充電がたっぷり残ってるんだ。人が考えつかないこと、発想できないことを俺は考えられるし、発想できるのはそのおかげだね。小さい頃から、「勉強しろ」って尻を叩かれて、いい高校、いい大学に進んだエリートは、テストテストの明け暮れで頭を使い切って、電池切れしちゃってるんだよ。いい発想しろったって、できない相談なんだ。

いつだったか、銀行の頭取だった人に聞いたんだけど、大学卒業まで必死に勉強していい成績を上げてた人が、銀行に入ったとたん、ガクッとＩＱが落ちちゃうらしいね。もう、いっぱいいっぱいだったってことなんだよ。技術者でも大学、大学院を出た人はマニュアル通りのことはできる。図面があれば、その通りにモノはつくれるんだ。だけど、俺が考えてる完成度からいえば、せいぜい六〇点の出来でしかないね。

そこから先は感性なんだ。コンピュータでできる領域じゃないんだよ。「この部分を気持ち薄く」とか、「感じ、深めに」なんていうのは、図面で描いたり、数字で表したりできない世界だろ？　だけど、そこをやらなきゃ完成度は高まらない。

「痛くない注射針」だって、基本の数値以外は、全部感性でつくりあげたと言っていいね。その感性は、充電されていなきゃ働かないんだよ。**電池切れになると感性まですり減っちゃうもんなんだ。**

俺は財務省なんかでも講演をするけど、担当者がどんな注文をつけると思う？

「きょうは〝やわらかい〟話をしてください。色街の話とかいいんじゃないでしょうか？」

こうだよ。財務省の官僚っていったら、日本一の秀才だ。学校の勉強じゃいつもぶっちぎりのトップだっただろうし、頭がいいのは折り紙つきだ。だけど、柔軟さがないんだな。

勉強ばっかりしてても
利口にはなれないんだよ

担当者の思惑も、俺のやわらかい話が、秀才たちの「世間」に対する免疫をつけるためのショック療法になればいいってことだったんじゃないかな。免疫がないと、なんとかしゃぶしゃぶの二の舞みたいなことになっちゃうからさ。

頭がいいのと利口ってのは違うんだ。

勉強ばっかりしてれば頭はよくなるかもしれないけど、利口にはなれない。大学にだって、大学院にだって利口なんて科目はねぇもんな。

利口を教えてくれるのは世間だよ、人づきあいよ。人のなかでもまれて、遊んで、いろんな経験をしなきゃ、利口の単位はもらえないね。女に惚れたりフラれたり、ケンカして負けたり勝ったり、命のやりとりまでしろとは言わないけど、それこそ命がけで人とつきあって、遊んで、利口になっていくんだよ。学歴とは縁もゆかりもないもんなんだ。

利口なやつは、仕事で行き詰まってもふっと発想が違う方向にむかう。「こう考えたら、いいかもな」っていう第六感が働くんだ。

頭がいいだけじゃ、これができない。何かの本に書いてないか、誰かが教えてくれないかになっちまう。教えてもらえなきゃ、その場で堂々めぐりを繰り返すしかなくなるんだよ。どうだい、学歴ってやつは、案外やっかいなもんだろ?

落語は世渡り力の教科書だ

いまの若い人はしゃべりがいけない。声は小さいし、言葉だって、俺なんかには訳が分からないもんが罷《まか》り通ってる。

人づきあいでも仕事でも、しゃべれなきゃ話にならないぞ。俺がガキの頃は、「え～っと」とか、「あのぉ」なんて口ごもろうもんなら、「おめぇはバカか？　しっかりしゃべれ！」と喝を入れられたね。

とっておきの方法を教えようか？

落語を聴くんだよ。落語にはいろんな言葉がぽんぽん出てくるし、人の気をそらさない話の流れってのはこういうもんなんだってことが分かる。

俺は昔から、暗記するほど聴いてきたから、どんな商談だって、取材のときだって、「え～っと」なんて言ったことはないね。言いたいことをそのまま言葉にできるんだ。言いそびれるってことは間違ってもない。

いまは寄席番組も少ないし、落語に馴染みがない人が多いだろうけど、**落語にはしゃべりだけじゃなくて、発想やアイデアのヒントがぎっしりつまってるんだ。**

俺のおすすめを紹介しよう。

「付き馬」ってのがある。付き馬は昔の吉原（遊廓）で、無銭飲食をした客の家までついていって、勘定を取りたてる役割の若い衆のことだ。飲み食いしていざ勘定の段になったら、「金がない」という男に、付き馬がついていく。男はさんざん付き馬を引っ張り回した揚げ句、棺桶屋の前に若い衆を連れていくわけだ。そこで、

「ここは叔父さんの家だから、払ってくれる。話をつけてくるからちょっと待っててくれ」

と言って棺桶屋のなかに入るんだな。なかで男はこんな話をするんだ。外で待っている若いのは、昨夜兄さんを亡くした。急いで大きい棺桶をつくってやってくれってね。

棺桶屋から出てきた男は、付き馬にこう告げて行ってしまう。

「叔父さんが承知してくれたから、出てきたら金を受けとってお帰り」

付き馬はこれでなんとか金を払ってもらえるって安心して待ってると、棺桶が運ばれて

くる。話を聞いて騙されたことが分かるんだけど、もうあとの祭りってやつだ。棺桶の代金を請求された若い衆が、「一文なしだ」って言うと、棺桶屋が店の小僧に言うんだな。

「小僧、吉原までこいつの付き馬に行ってこい！」

客の勘定を取りに来た付き馬が、てめぇに付き馬されちまうってオチだけど、おもしろいだろ。**ただ、料金を踏み倒すってんじゃなくて、付き馬を引っかけちまおうって発想がいい。こういうしゃれっ気の利いた発想は、仕事でも絶対役に立つね。**


「蔵前駕篭《かご》」も俺のお気に入りだ。

駕篭屋に飛び込んできた男が、「吉原にやってくれ」と言う。だけど、駕篭屋は渋るんだ。その界隈、蔵前あたりには追い剥《は》ぎが出ていたからだ。追い剥ぎは駕篭に乗ってる客を身ぐるみ剥いじまうんだけど、武士の情けで褌《ふんどし》一丁だけは勘弁してくれるんだよ。渋る駕篭屋に客は「代金を弾むし、酒もつけるから、どうしても行ってくれ」というわけだ。「追い剥ぎが出たら、駕篭をおっぽり出して逃げてかまわないから」ってね。

駕篭屋が承知すると、客は着物を脱いで駕篭の座布団の下に隠し、褌一丁の姿で乗り込む。吉原に向かってると、案の定、追い剥ぎが出て、駕篭屋は逃げちまうんだな。追い剥ぎは刀の先で駕篭のすだれを上げるんだけど、そこには褌一丁の男がいるって寸法だ。追い剥ぎの「う〜ん、もう（追い剥ぎは）すんだか」って台詞でオチになるわけだ。

どうだい、この発想の丁々発止。追い剥ぎが吉原通いの客を狙うのは、もちろん、女房の手前もあって、金を取られても大騒ぎしないって計算からだ。これもなかなかの知恵、発想だろ？

だけど、客のほうはもっとすごい。最初から褌になって、追い剥ぎにやられた風を装うってんだから、一枚も二枚も上手《うわて》だよ。聴くたびに唸っちゃうね。

落語を聴き込んで、そこに込められてる発想や知恵を身につけてみなよ。商売観や仕事観が、間違いなく変わるね。

古典落語を聴かないヤツに、いい発想なんかできっこない。これは俺の持論だ。乱暴な話でもなんでもない。俺自身が落語からいっぱいヒントをもらってるんだからね。落語は俺の〝知恵袋〟なんだよ。

愛人は美人か不美人か

みんなの近くには、女房のほかに愛人がいるなんて人はいないかもしれないけど、俺はそういう人をいっぱい知ってる。そんな人たちからも、ずいぶん世渡りを学ばせてもらったよ。

おもしろいのは、女房と愛人っていうのは、まったくタイプが違うってことなんだ。**俺が知ってるかぎりで言うと、「女房は美人、愛人は不美人」っていうのが法則だね。**

あんなにきれいな女房がいるのに、なんでまた、ビー玉を半分に切ったみたいな分厚いメガネをかけた、どう見たってイケてないのを愛人にしなきゃいけないのっていうのばっかりなんだ。

あれは人間心理なんだな。飯だって、毎日ステーキや山海の珍味ばかり食ってたら、たまには菜っ葉だのラッキョウだの、さっぱりしたものを食いたくなるだろ？　それとおんなじことなんだよ。

男はバカっていうか、単純だから、目の前にステーキとラッキョウが並んでたら、ステーキを取るんだよ。確かに旨い。だけど、年中食っててみなよ。胃袋だって休まらないから、胸焼けもするし、「ちょっと重たいな」ってことになってくる。そうなると、菜っ葉やラッキョウが恋しくなるんだ。

一概には言えないけど、美人も似たとこがあるんじゃねぇか。見てくれは文句なしだけど、一緒にいるうちに、鼻っ柱が強いとことか、プライドが高すぎるとことか、男は自分に尽くすもんだと決めてかかってるとこなんかが見えてくる。

美人の女房に、「ちょっとお茶入れてくれ」って頼んでも、「お茶ぁ？ 何いってんの、こっちが入れてもらいたいくらいよ。飲みたきゃ、自分で入れなさいよ！」なんて答しか返ってこなきゃ、気持ちだって重たくなってくるだろ？

「あ〜ぁ、たまには癒されてぇな」

そんな思いでいるときに、不美人だけど、男女の機微をわきまえてるのに出会ってみなよ。これも一概には言えないけど、自分を分かってる不美人ってのは、愛嬌はあるし優しいよ。男をうまく立てるしな。

つきあってたって、「痒《かゆ》いところに手が届く」接し方をしてくれる。ふだん美人の女房にいたぶられてれば、いたぶられてるほど、その癒しが心地いい。離れがたくなって、愛人にしちまうって寸法だ。ステーキに飽き飽きしてるところに、菜っ葉やラッキョウを出されて、思わず手が出ちまうのと一緒だよ。

俺はこの「女房美人、愛人不美人」っていう法則、人間心理ってやつを、じっくり噛みしめたらいいと思ってるんだ。自分の能力が信じられない、仕事で人に劣っている気がする、何をやってもうまくいかない……なんて感じてる人は、言ってみりゃ〝不美人〟ってことだよ。

だけど、不美人だからこそ、美人とは違うやり方で自分を生かすことができる。生かし方次第で、美人より価値のある存在になることもできるんだよ。それを知るってことが、世渡りの源泉と言ってもいいね。

名参謀になれる女房を持て

いまは晩婚傾向っていうか、結婚年齢が高くなってるし、結婚しないっていう人も増えてるみたいだね。年収○千万円以上じゃなきゃ嫌なんて、女性が平気で御託を並べる時代だから、男としても二の足を踏んじゃうってことなのかい？

まぁ、若いうちは遊んだほうがいいよ。俺も女房と一緒になる前は嫌っていうくらい遊んだね。そういう男だったから、まわりの女性からは〝鼻つまみ〟って目で見られてた。俺がいまみたいになるなんて、夢にも思わなかっただろうしね。

なかには、仕事がうまくいき始めてからの俺を見て、「あんとき、まーちゃん（俺のこと）と結婚しておけばよかった」なんて言うのがいた。バカヤロウってんだよ。こっちがよくなってから来たってダメなんだ。

まだ芽が出ないうちから男を育てるようでなくちゃ、ダメだよ。

男が仕事で成功してから、お金を儲けるようになってから、一緒になろうっていう女房は、苦労は男にさせて自分はハナからセレブを気取ろうって魂胆だろ？　それで亭主がちょっとしくじりゃ、「離婚しましょ」ってんだから、身勝手もいいとこなんだよ。必ずしっぺ返しを食らうぞ。

男にとって女房は参謀役なんだ。どうかすると目一杯突っ走りがちな男を、上手に立て、乗せながら、軌道修正させたり、勝負どころでは背中を押したりする。それが女房ってもんだし、男はそういう女房を持たなきゃダメだね。男を上手に立てられない女房なんて持つんじゃないぞ。

うちの女房は近所の大工の棟梁の娘だけど、会社の会計のことは全部やってくれている。俺はゼニカネのことなんかいっさい考えないで、仕事に没頭してりゃいいってわけだ。

結婚してから、年収が三万五〇〇〇円ってことがあったね。

新しい技術開発に取り組んでるときだったんだけど、なかなかうまくいかなくてさ。機械がいい具合に動いたなと思うと、途中で止まっちまう。それを直して動かすんだけど、また止まるってことが続いたんだ。一年近くそんなことの繰り返しだったんだから、年収三万五〇〇〇円も無理ないって話だよ。

「お父さん、今年の年収は三万五〇〇〇円きりよ」

さすがに女房は怒ったけど、それ以上のことは言わなかったね。いったん仕事を始めたら、仕上げるまでやめないっていう俺の性分が分かってるんだ。だけど、暮らしがあるから、ちょっとばかり〝危機感〟を煽《あお》っとけってところだったんだろ。参謀の戦略だよ。

三〇万円で受けた仕事に、一五万円の潤滑油代を使ったこともあったよ。潤滑油ってのはプレス製品の出来を決めるくらい重要なんだ。どんな油がいいか研究してるうちに、代金がかさんでしまったんだな。そのときも、

「お父さん、毎日、油飲んでるの？　おいしくもないでしょうに……」

っていうのが女房の苦言だったね。うまいこと言うだろ？

チクリとやっても、男のやる気をそがないってのが、参謀の腕の見せどころなんだよ。

女房と一緒になってなけりゃ、いまの俺は絶対にない。非の打ちどころのない参謀役だね。

気心が知れるまでつきあわなきゃ意味がない

親父の背中も、俺に世渡りを教えてくれたね。親父の銀次は生まれ故郷の茨城県竜ケ崎で尋常小学校を終えて、東京に出てきた。一二歳で本所の金型屋に奉公に入ったんだ。そこで二〇歳まで修業を積んで腕を磨いたんだけど、当時の職人は一年間、お礼奉公をするのがしきたり。それをすませてから、墨田区に「岡野金型製作所」を起こしたんだよ。

俺は二代目だけど、勉強はからっきし。ガキの頃から遊び回ってたし、一〇代で玉の井に入り浸ってた。絵に描いたような〝どうにもならねぇ悪ガキ〟だったね。よかったのは親父が商売をやってたことだよ。勤め人だったら、正直、俺はどうなってたか分からねぇな。お袋に「手に職をつけなきゃどうしようもないじゃないか」って言われて、俺は仕方なく親父の下について金型の技術を学び始めたんだ。親父は腕はよかった。「深絞り」（176、181ページ参照）の技術じゃ、職人仲間のなかでも、抜けた存在だったと思う。

橋の欄干《らんかん》についてる「擬宝珠《ぎぼし》」っていう、タマネギみたいな装飾具があるだろ？　親父は、その擬宝珠を一枚の真鍮《しんちゅう》の板からプレスするだけでつくる金型をつくった。俺にはいまだにどうやって絞るのか分からない。そんな技術を、親父は持ってたんだ。

だけど、親父は根っからの職人。「腕がよきゃ、営業なんかする必要ねぇ」って考えがしみついてた。腕があるから仕事は来たけど、それでしまいなんだ。お得意とつきあうわけじゃないし、気の利いたことをしゃべるでもない。ほかの金型屋は大企業のご機嫌を取って、仕事を広げてるってのに、親父は同業者ともつきあおうとしなかったね。

金型の技術を覚えながら、そんな親父を見てて、俺は心底思ったんだ。親父とおんなじことをやってたらダメだ、親父のやらなかったことを俺はやっていかなきゃ、先はないってね。まわりは営業だ、接待だってやってるなかで、親父みたいにやってたら、時代に置いていかれる。ほかでもない、親父の背中が俺にそう教えてくれたんだよ。

親父が堅物だと息子はやわらかくなるってのは、世の習いだろ？　うちも典型的なそれよ。金型の技術の年季はまだまだだったけど、遊びの年季、人とのつきあい方の年季は、玉の井でたっぷり積んでた。世の中のどこにでも出て行って、そこに「同化」してやるって決めたんだ。

⬅職人気質だった明治35年生まれの父・銀次さんがつくった擬宝珠（欄干などの柱の上端につける宝珠形の装飾）。一枚の板を絞ってつくってあり、どこも切ったり貼ったりしていない。ＩＴ技術が生まれるはるか以前のアナログの時代、ここまで進んだ技術があった。「痛くない注射針」も、携帯電話のリチウムイオン電池ケースも、原点はこういった基礎にこそある。「これだけはいまだに俺もつくれない。親父はこの技術を俺に教えるまえに他界したんだ」

人とのつきあいは、できる限りしたね。誘いがありゃ、マメに顔を出した。あいつはつきあいがいい、信用できる、俺らの仲間だっていうところまで同化しなきゃ、仕事をうまく運ぶ情報なんか入ってきやしねぇよ。仕事相手だってそうだよ。「岡野と、このプロジェクトを成功させたい」って思わせるには、気持ちが一緒にならなきゃダメなんだ。

勘違いしてもらっちゃ困るから言っとくけど、技術を二の次にしたってわけじゃないよ。技術じゃ誰にも負けないってのが、俺の根っこだからね。腕を磨くことを一瞬だって忘れたことはない。

営業力だけで仕事がうまくいくほど、この世界は甘くないんだよ。技術に営業力が備わって初めて、ほんものの世渡り力になるんだ。

「商売は先払いが原則」の意味

俺は商売は「先払い」が原則だと思ってる。これを教えてくれたのも玉の井だな。遊廓の商売ってのは、客はお姐さんに先にお金を払うんだよ。なんたってあの手のご商売だから、後払いってことになったら、客は払いたくなくなっちまうだろ？　お預けされてるから、「ちょっと高《たけ》ぇかな」と思ったってケチらずに払うんだよ。

ふつうの商売じゃ、仕事が終わって、たとえば製品を納品して、締め日があって支払いになる。それが一般的なシステムだからいいんだけど、先払いの感覚を持っててもらわなきゃ困るんだよ。もう、先に払っちまったと思って、支払いのときゴタゴタ言うなってことだね。

前もって値段を決めたのに、支払いのときに値切るなんてのは、いちばんのクズだ。この間も、つくって欲しいって言われたモノがあったから、金型をつくって、製品にして納めたんだ。ところが、いざ、支払いになったら、「端数をまけてくださいよ」って言うんだよ。こまかい数字は忘れたけど、一三二万円だったら、端数の二万円は泣いてくれってわけだ。

昔だったら、即、ケンカだよ。尖ってたからね。だけど、七〇代にもなると、人間、丸くもなる。俺は、「いいですよ」って端数をまけた金額をもらってきた。腹の中は違うよ。

「コノヤロウ、おまえとは二度と仕事なんかやるかよ！」だな。

その製品がうまくいきそうになったんだろう。そいつがこう言ってきた。

「岡野さん、あれ、数が出るようになったから、サンプルをお願いしますよ」

金型はうちにあるからね。俺は「うん、うん」と言ってやった。引き受けたわけじゃないよ。二度と仕事はやらねぇって決めてんだからさ。ケンカするのはバカバカしい。こっちも気分悪いし、あっちだっていい気持ちのわけはねぇから、適当にあしらったんだ。

サンプルを出さないんだから、あっちは何度も「あれ、どうなってます？」ってくるよ。だけど、何度来たっておんなじ。

「探してんだけど、金型がね、めっかんねぇんだよ。なにせ、知っての通りうちは金型屋だから、まわりは金型だらけで、めっかんねぇとなったら、なかなかね……」

あっちがいくら言ってきたって、俺は絶対ゆずらない。もう、仕事の相手とは見ちゃいねぇんだから、こっちが何かする義理はないよ。しびれを切らして、

「それじゃ、話が違うじゃないですか？」

なんて言ってきたら、飛んで火に入るなんとやらだ。ケンカが始まっちゃうね。もともと、決めたことを違えたのはあっち、話が違うのはあっちなんだから、言うことだけはきっちり言ってやるよ。

だから、商売は先払いでやんなきゃ困るっての。もう、払っちゃったもんだと思ってれば、値切れだの、負けろだのって台詞は、口から出るわけないんだよ。

俺は値段を決めたら、どんなに足が出ようと、それ以上はびた一文もらわない。商売はきれいにやらなきゃ、信用もつかないし、長続きもしない。きれいな商売の基本は、先払いだね。

6章

どこでも生きていける「腕」の鍛え方

不可能を可能にする〝勘〟の磨き方

俺は世界で初めて「痛くない注射針」をつくった。みんな蚊に刺されたことがあると思うけど、「痛い！」なんて感じたことはないだろ？　俺がつくった注射針も、あの蚊に刺された感覚しかないいんだ。口はばったい言い方になるけど、これは俺にしかできなかったね。

職人としての腕だけの問題じゃないんだよ。腕のいい職人ならいくらもいる。ほかではできなくて、俺にできたのは理由があるんだ。「痛くない注射針」なんて話は〝常識外〟のことなんだ。できるかできないかを検討するレベルじゃない。そんなものに誰も手を出そうなんて思わないよな。

だけど、俺にはなんとなく、「こうやってみりゃ、もしかして……」っていう解決の糸口が見えた。言っちまえば、それだけの違いなんだよ。それまで注射針は全部、パイプを

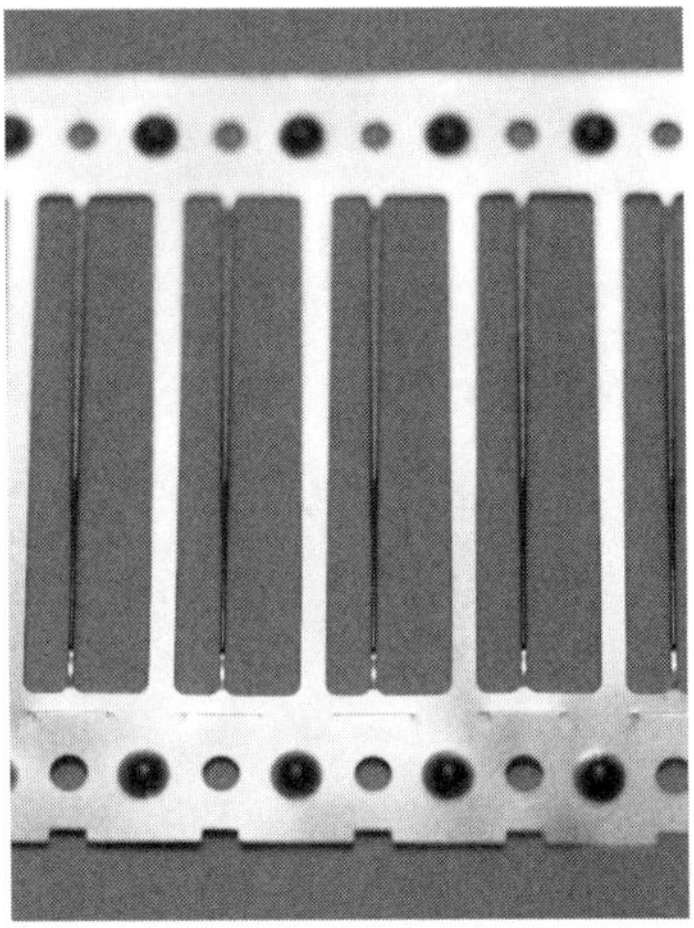

⬆「痛くない注射針」。それまでの注射針は、パイプ状のものを切断してつくるのが一般的だった。その方法でも、0.2ミリの太さの円柱状のものならできる。しかしそれでは液体をうまく押し出せず、注射針としては具合が悪い。不可能にも思えるこの難題をクリアしたのが、「一枚の板を丸めてつくる」という独自の発想だった。針の先端にいくほど細くなっていく（テーパー形状）ようにした。これによって、刺しても痛くなくて、しかもスムーズに注入できる針が生まれた。

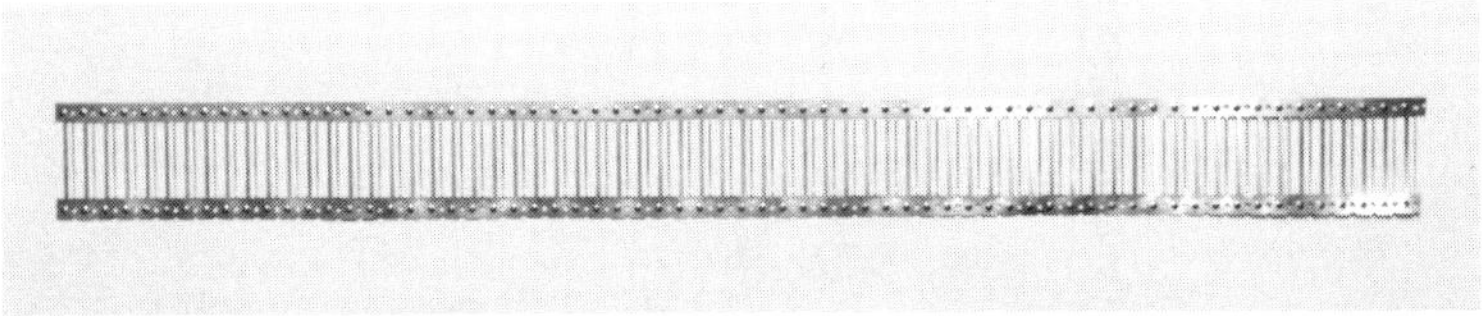

⬆高価なものでは患者さんに使ってもらえない。安価で採算ベースに乗せるためには量産できるようにしなくてはならない。
「ひとつの試作品を成功させるのと、量産を成功させるのでは、F1レーシングカーと一般車のような、天と地ほどの違いがある。金型の材質、潤滑油など、何百回とやり直しをした」

切ってつくっていた。そのやり方じゃ、蚊に刺された感覚の針なんてできっこないんだよ。理論物理学の大家である大学教授が、言下に「物理的に不可能」って〝太鼓判〟を押すくらいだからね。

だけど、俺はパイプ状のものをつくるなら、別のやり方だってあるじゃねぇかって思ったわけだ。一枚の板をプレスで丸めちまえば、パイプ状になるだろ？　それならこれまで考えられなかったような細いものができるんだ。

注射針をプレスでつくろうなんて、世界中で誰も思いつきゃしねぇよ。ハナからそんなことはできないって決めつけてるからね。プレスを始めてからずっと、「難しくて誰にもできない仕事」ばかりやってきた俺は、不可能だろうが何だろうが、できないと決めつけたりしない。

「できないわけはない」っていう勘働きもあったね。

頭だけで考えてる人は、この勘ってのが働かないんだよ。ガキの頃からたっぷり遊んで、人にもまれてこないと、勘は磨かれねぇっての。

勘、感性って言ってもいいんだけど、俺はどんな仕事でもそいつがなきゃダメだと思うね。仕事もそこそこできるし、経験も実績もあるのに、芽が出ないとか、評価されないいっ

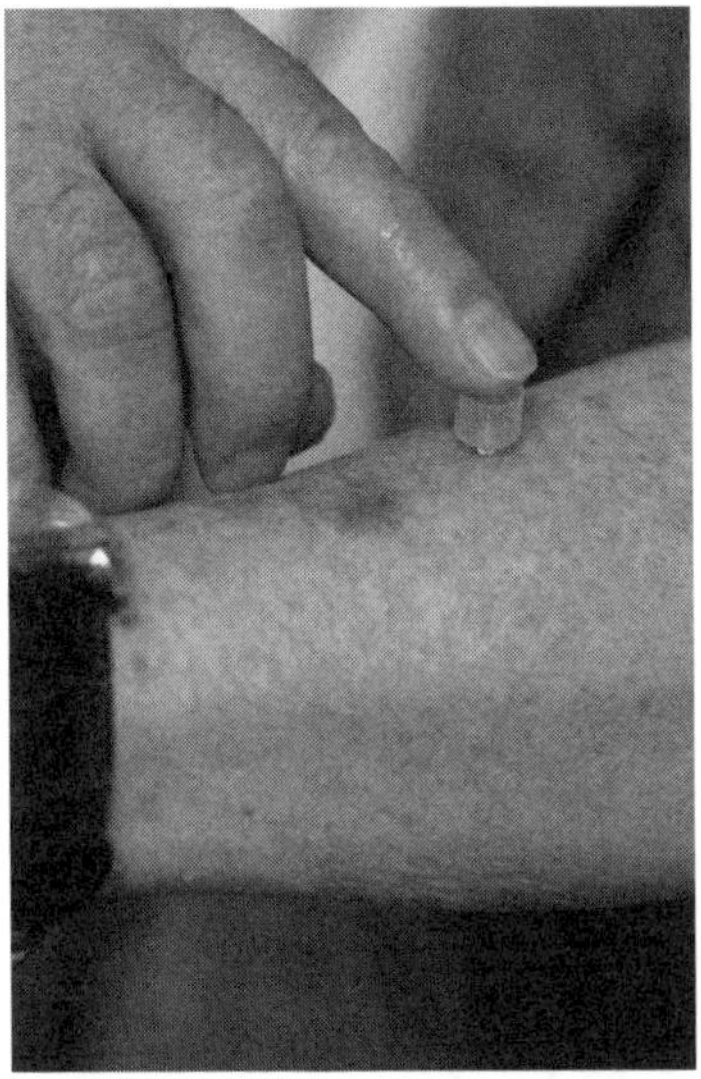

⇦刺してもまったく痛くない。「1日に何回も注射をしなくちゃいけなくて、腕にタコができてた糖尿病の子が『痛くないよ！　こんな針をつくってくれて本当にありがとう』と言ってくれたときの感激は忘れられないよ」

て人が多いだろ？「なんでだ？」って思ってるかもしれないけど、俺に言わせりゃ、単純な話だよ。世の中を渡っていく勘ってもんがねぇんだな。

うちは親父の代から金型屋をやってきた。金型屋ってのはプレス屋の下請けみたいなもんなんだ。メーカーと話をしてプレス屋が注文をとってくる。プレス屋はその製品をつくるための金型を金型屋に発注するわけだよ。そして、できた金型をプレス機に取りつけて、製品をじゃんじゃんつくって儲ける。金型屋のほうは金型をいったん納めたら、それでしまいなんだ。

まだ若い頃の話だけど、俺は一所懸命仕事をして、やっとバイクを買ったんだ。喜んでそれに乗っかってたら、俺の金型を使ってるプレス屋は四輪のいい車に乗ってんだよ。そんとき思ったね。

「金型屋だけやってたんじゃ、いつまでたっても四輪に乗れやしねぇ。プレスもやんなきゃ、どうにもならねぇぞ、これは」

だけど、金型屋はプレス屋の下請けだ。お得意にあたるプレス屋の仕事はしちゃいけないってのが、当時の不文律だったんだ。うちの親父にも、「絶対、プレスの仕事はしちゃならねぇぞ！」ってきつく言われてたしな。

でも、そこで諦めてたら、仕事は尻すぼみになって、いまごろは倒産してたかもしれないって思うね。俺はプレスの仕事を始めた。正確に言うと、金型屋の俺がプレスの仕事をやっていく〝しかけ〟をつくったんだ。さっき言った、「難しくて誰にもできない仕事」、それから、「安すぎて誰も受けない仕事」だけをやるってのがそれなんだけど、猛烈な周囲の逆風のなかで、そんなしかけができたのも、俺がずっと、成功する勘どころを読む、「世渡り力」を鍛えてきたからだって気がするね。

腕がいいってだけだったら、生涯一金型屋で終わっちまったな、きっと。

「必ずできる」と信じろよ

「そんなの不可能だよ」

俺が手がけた仕事は、そう言われることが多いんだ。だけど、俺は、「あぁ、そうかい」と引き下がったことはないね。「痛くない注射針」もそうだった。医療機器メーカーのテルモから、刺しても蚊に刺されたくらいにしか感じない注射針ができないかって話が来たとき、正直、こいつは相当やっかいだなって気はした。

図面はあったんだよ。だけど、図面を起こすのと、実際にモノをつくるのとの間には、天と地ほども距離があるんだ。テルモの担当者は、それまでに一年以上かけて、日本中の金型屋、プレス屋、パイプ業者なんかを訪ね歩いていたんだけど、どこも引き受けるところがなかったんだ。誰が考えたって、「できない」って判断が常識だったんだな。

俺だって実現の可能性が六割はないと、仕事を受けない。だけど、そのときは、「六割はあるぞ！」って声が聞こえたんだよ。

勘と言っちまえばそれまでだけど、俺のなかにある勘は、これまで不可能と言われた仕事を、いくつも可能にしてきた感性のデータに基づく勘だ。俺は〝不可能〟を引き受けた。

俺の片腕でもあり、懐刀でもある義理の息子に相談すると、言下に言われた。

「無理ですよ。こんなの、できっこない」

金型職人としてもいい腕の彼とは、もう二〇年以上も一緒に仕事をしてるから、これまでの俺をいちばんよく知ってるんだけど、その彼にも、「こればっかりは不可能」と思えたんだろう。

専門家の意見もおんなじだったね。うちは大学の教授とのつきあいもある。そのなかには理論物理学の大家の先生もいるんだ。先に少しふれたけど、その先生にこの話をすると、ピシャッと言われた。

「物理的に不可能だよ」

早い話、できると思ってたのは、俺一人。世界中で俺しかいなかったんだよ。言ってみりゃ、総スカン状態だな。俺は義理の息子に言ったね。

「できなきゃ俺が責任とるから、とにかくおまえは俺が言った通りにやってくれ」

うちの会社じゃ俺が独裁者だから、それが研究開発にとりかかるゴーサインだった。

さすがに、皆が「できない」ってお墨付きをつけたものだけのことはあったね。試作品をつくっちゃ、「うまくいかねぇ」、「これじゃダメだ」ってことの連続だった。

だけど、「必ずできる」っていう俺の信念は微動だにしなかったな。

必ずできるって信じることが、モノづくりではいちばん大切なんだよ。それさえ揺るがなきゃ、途中の失敗なんか何でもねぇんだ。

一年半後に試作品ができた。テルモの担当者のびっくりした顔はいまでも忘れないね。「よくこんなのが……」って、食い入るように注射針を見てたもんだよ。

じつは、試作品ができてからが大変なんだ。はっきり言えば、試作品をつくるだけなら、ほかの人にだってできるんだ。たまたま出来ちまうことだってあるしな。肝心なのは、おんなじものが量産できる体制をつくることなんだよ。完成品が一〇本に数本、あとは不良品ってんじゃ、まるで意味がない。量産して安価にしなきゃ、必要とする人が、使いたくても使えないだろ？　量産できるようになって初めて「できた」と言えるんだ。

量産体制を整えるまでに三年かかった。その間も、試行錯誤の繰り返しさ。めげやしないよ。どんなときも、俺のなかじゃ、「必ずできる」って声しか聞こえなかったからね。

人より優れたものがあれば、人より旨いものが食える

誰だって何かひとつくらい好きなこと、興味を持っていることがあるだろう？　俺はそれが成功の原石だと思うね。

ひとつ何かを始めたら、それを究めることだよ。究めるまでやってみれば、人より頭ひとつ抜け出せる。つまり、すぐれたものが手に入るんだ。

人よりすぐれたものがあれば、成功する確率が間違いなく高まるね。平たく言えば、人より旨いものが食える、いい洋服が着れるってことだよ。

究めるためには、何がいちばん肝心だか知ってるか？　基礎を固めることなんだ。これを知らないヤツが多いんだよ。みんな、基礎を蔑《ないがし》ろにして難しいこと、上等なことをやりたがる。だから、中途半端なことになっちまうんだよ。

技術なんかみんな中途半端じゃないか。なまじ勉強なんかしてるから、おかしなことに

なるんだよ。**勉強しただけで分かったつもりになって、基礎のところを実践してない。なのに、基礎は卒業なんて勝手に決めて、上等なことをやるから、結局ものにならないんだ。**

俺は勉強してなかったから、金型を一からやった。基礎からやらざるを得なかったんだ。だけど、それで基礎が分かってるから、どんなに難しい注文が来ても対応できるんだ。**新しい技術っていうけど、それは、じつは新しい発想で基礎をどう組み合わせるかってことなんだよ。**だから俺はできた。

俺たちみたいに金属を扱う職人の技術の基礎は、雑貨なんだ。ライターとか口紅のケース、ボールペンのケース、鉛筆のキャップ、がま口……。こうした雑貨をつくる技術は基礎だし、同時に究極の技術でもあるんだ。コンピュータと設計図でつくろうったって、できやしないんだよ。

雑貨の技術を育ててきたのは下町の町工場だよ。がま口が、金具が「パッチン」と音を立ててしまる、あのしまり具合こそが、職人の技術力の高さを示すものなんだよ。どうすればあの音が出るかなんて、図面にはできない。だけど、そんな雑貨をつくれる職人はいなくなっちまった。

携帯電話が小さくなったのは、リチウムイオン電池が開発されたからだ。だけど、問題があった。電池のケースだ。電池のケースは、液漏れがしないように、一枚の板、それもステンレスの板を深絞りでつくるのがいいってことは分かってたんだけど、これがなかなかできなかった。

深絞りでケースをつくれる職人がいなかったからだよ。新しい技術ってわけじゃないんだよ。さっき話した雑貨は、ライターも口紅のケースも、みんな深絞りでつくってたんだからさ。俺はリチウム電池のケースの話を聞いて、すぐに、「ライターとおんなじじゃねぇか」って思ったね。基礎を分かってたから生まれた発想だったと言ってもいいね。

ライターをつくってたときの金型は、とってあった。「いまは必要なくても、また必要になるときがくるから、金型は捨てるんじゃねぇぞ」っていうのが親父の口癖だったからね。

俺はステンレスのリチウムイオン電池のケースをつくりあげた。それで最後の問題が解決して、携帯電話はどんどん小型化されるようになったんだよ。

人よりすぐれたものを手に入れるには、ガッチリ基礎がためをしておくことなんだ。基礎がグラついてたんじゃ、いっぱしの技術だなんだって言ってみても、所詮、付け焼き刃でしかないんだよ。

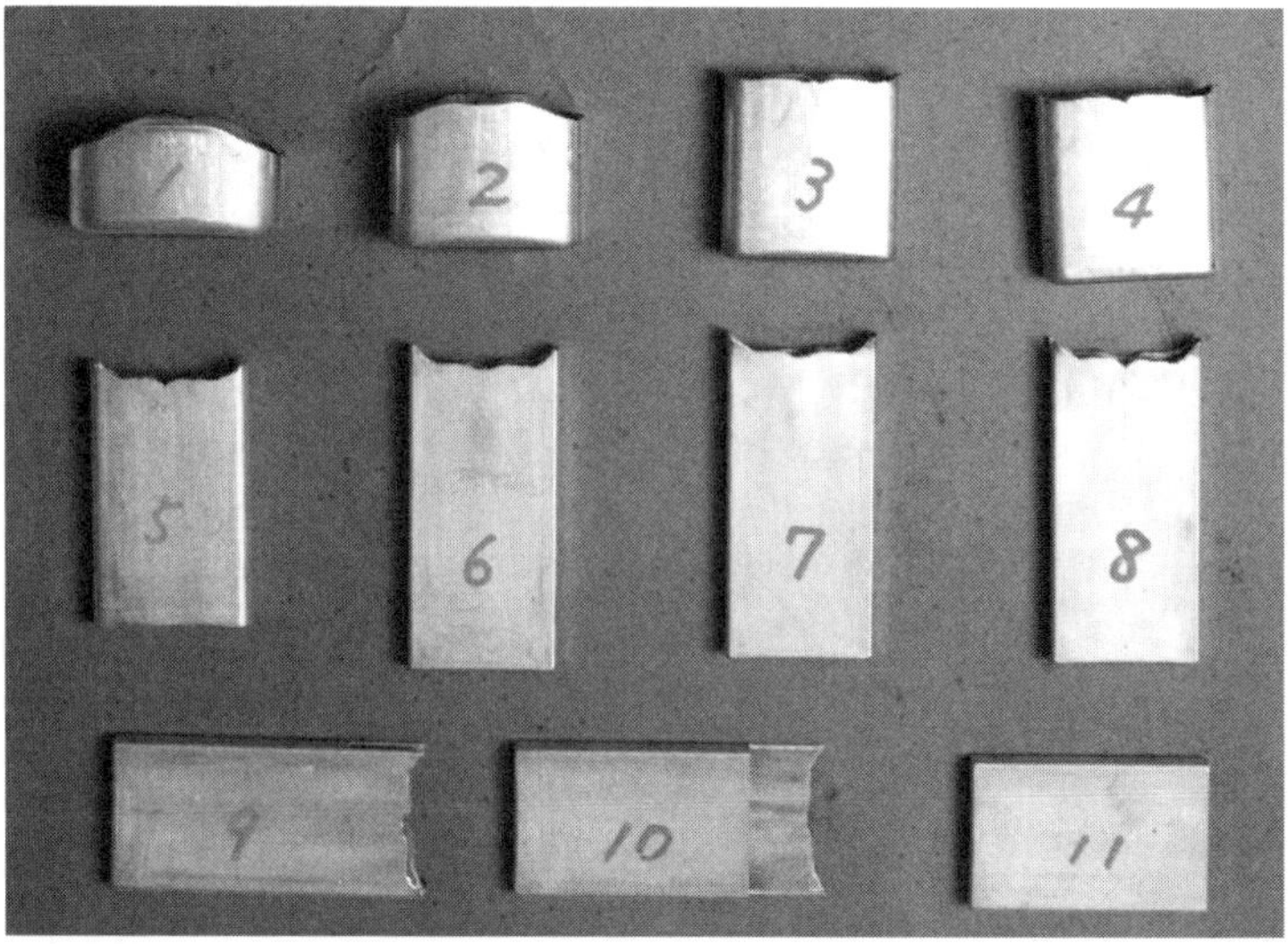

⬆携帯電話のリチウムイオン電池ケースができるまでの工程。

携帯電話の小型化は、この電池ケース抜きには語れない。一枚の金属板が、だんだん深く絞られて電池ケースになる。

四十年ほど前、難しくて誰もやりたがらなかった「ステンレスのライターケース」に挑戦、何度も失敗をくり返した末に成功させた。当時は日本全体が好景気で、誰もあえて難しいことに手を出さなかったのだ。

その結果、ステンレスの電池ケースを深絞りでつくれる職人ということで依頼された。「人のやらないことをやる」というモットーが、ここでも生きている。

失敗するたびに新しい発想を生むヒント

親父にドヤされながら嫌々始めた金型の仕事は、案外、おもしろかったんだ。工夫すれば、どうにでもおもしろいものができるなと思ったね。俺にとっておもしろいものっていうのは、世の中にないものだね。もう、誰かがやっちゃってるものをやったって、ちっともおもしろかねぇもん。

学歴も地位もお金もないっていう、ないないづくしの状況も原動力になった。学歴がありゃ、サラリーマンでもやるかってことになったかもしれないけど、俺は中学中退だからね。お袋が言ったように手に職をつけなきゃ、箸にも棒にもかからねぇよ。

とにかく技術をつけなきゃ話にならない。金型の仕事で一人前にならなかったら、クズ同然だと思ったね。技術を磨くうえで大事なのは辛抱と失敗だ。金型の職人として一人前になるには二〇年はかかるって言われてる。その間、辛抱できるかどうかなんだよ。

「大卒、大学院卒なんかに負けねぇぞ。いまに追い越してやるからよ」

俺はいつもそう思ってやってきた。追い越すには職人の技術しかねぇんだ。**これしかないと思ったら、人間、辛抱だってできてくもんなんだ。**

失敗はしたくない、できるだけしないほうがいいって考えてるヤツが多いけど、失敗しなきゃ、成功なんかできっこない。失敗を怖がってちゃダメなんだよ。

学校がいけないね。小学校に入ったとたんに、あれしちゃいけない、こうでなくちゃダメだだろ？　勉強だって間違えないこと、失敗しないことが評価される。それが大学、大学院まで続くんだ。社会に出るときには、すっかり〝去勢〟されてたって不思議はねぇやな。

大企業にいくら「優秀」な技術者が揃ってても、俺みたいな仕事はできない。失敗したらまずいってことが、まず最初にあるからだよ。上の人間だって責任を取りたくないって考えてるのばかりだろ？

俺は学校に行ってないから、失敗なんか怖くも何ともないね。実際、ひとつの金型を仕上げるまでは、失敗の連続なんだ。

「ここのところがまずかったのか？　だったらこんなふうにしてみるか？」

失敗するたびに、新しい発想やアイデアが湧き出てくるんだよ。それをかたちにしていくのが工夫ってことだよ。

俺はおんなじ金型をつくれない。一度完成したものでも、「ここを変えたら、もっと効率が良くなるな。もちを良くするには、ここんとこを工夫すりゃいいんだ」ってことが出てくるからだよ。注文先から追加注文があったら、俺は言うんだ。

「おんなじものはできねぇよ。もっといいもんならできるけど……」

失敗を繰り返して、ようやく成功にたどりついたときの楽しさを知って欲しいね。いまの人たちに、どんな仕事でも二〇年は辛抱しろって言ったって、どだい無理だろうけど、失敗したっていいんだよってことは言いたいんだよ。

真似やパクリでなく「誰もしていない仕事」をしよう

岡野工業が世界で初めてつくったものは少なくない。

「いままで、どこにもできなかったことなんです。これが成功すれば、世界初の技術開発ということになりますね」

俺がいちばん弱い〝殺し文句〟が、これだよ。「誰もできない」、「世界で初めて」なんて聞くと、ウズウズしてきてたまんないね。採算度外視とまでは言わないけど、時間も労力も惜しくない。全力投球しなきゃって気持ちになるんだ。

うちは親父の代から「深絞り」をウリにしてた。深絞りってのは、一枚の金属板を五〜一二工程かけて押し込んでいって、底の深い製品に加工する技術なんだ。ジッポーのライターを知ってるだろ？　あの外側のケースが深絞りでつくったものだ。どこも溶接していないから、継ぎ目がない。液漏れしないってわけだ。

もちろん、深絞りといっても加工する素材によって、必要な技術は微妙に違ってくる。俺が三〇代後半の頃だったかな。ステンレス製のライターのケースをつくって欲しいって話が来たんだよ。当時はステンレスを手がけているところなんて、どこにもなかった。

俺もできるかどうか分からなかったけど、できる確率が六割はあるなって感じたら、引き受けるのが俺流なんだよ。なんたって誰もやってないってのが、やる気を掻《か》き立てたね。

その頃、俺は夕方までは親父の仕事をして、その後、工場を自分の仕事のために使わせてもらってた。何度失敗したか分かんないね。このときはほんとに儲けのことなんか眼中になかった。睡眠時間が三時間なんて状態がずっと続いたんだ。

だけど、ぜんぜん疲れなんか感じなかった。失敗が何か糸口を見せてくれる。それが楽しくってさ。しかも、「世界初」がチラついてる。試行錯誤の連続だったけど、一気に完成まで突っ走ることができたんだよ。

その技術には俺しか挑戦しなかったし、その後も研究しようっていう職人はいなかった。だから、リチウムイオン電池ができたときも、そのステンレスのケースは俺にしかつくれなかったんだよ。

じつは、それ以前にも電池ケースをつくってるんだ。カセットテープレコーダーなんかに使われてた、ガムみたいな形の薄い長方形の電池があるだろ？　あれはニッケルカドミウム電池が主流なんだけど、その電池ケースもうちが最初につくった。それまでのケースは、パイプをメッキで加工して、角形に絞ってから規定の大きさに切って、そこを溶接したものだったんだ。

溶接だから、液漏れは避けられない。そこで、溶接しないケースをつくってくれっていう依頼が来たってわけだ。メッキ加工をした金属板を絞ってケースにするっていう道筋は見えてたけど、モノが細長くて薄いから、絞ってる間にメッキが剥げちゃう。

剥げないようにするには、何工程かけて絞るのがいいか、潤滑油はどう調合するか、課題をすべて克服するまでに半年かかったね。工程数を増やせば絞るのはラクだけど、その分コストがかかっちまうし、潤滑油だってメッキや金属との相性を考えなきゃ、いい製品には仕上がらないんだよ。

初めてのモノをつくるってことは、苦労を背負い込むことだな。だけど、「世界初」「日本初」って言葉が勇気をくれる。やっぱり、「初」は気持ちがいいや！

考える時間が一番楽しい

俺に初めて会った人は、たいがい思うらしいね。

「岡野さんは、〝飲む〟〝打つ〟〝買う〟のほうがずいぶんと達者なんだろうな」

そう見られるってことは否定しないよ。どう思おうと、そいつの勝手だ。俺だってそう思われるだろうってことは、承知してるしな。

以前、NHKの番組のインタビューで、

「岡野さん、いちばんの楽しみは何ですか?」

って聞かれたから、俺は大真面目に答えた、「仕事」ってね。そしたら、相手は怪訝《けげん》そうに疑いの眼《まなこ》で俺を見てやがんだよ。

「仕事? そんなはずないでしょ?」なんて言われたって困るんだよ。俺、ほんとに仕事がいちばん好きなんだからよ。

酒もタバコもやらないね。歳とってきたから、体を気づかってやめたなんてケチな人間じゃねぇよ、俺は。ハナからやってない。玉の井で遊んでた頃に、ほとんどメチルアルコールみたいな安酒くらって目がつぶれちまったとか、半身不随になっちまったっていう人間をさんざっぱら見てるからね。ああはなりたくないって思って決めたんだ。

仕事は楽しいよ。仕事を楽しまなくてどうすんだよ。

大企業の人間を見てると、かわいそうで仕方ないな。だって、課長だ、部長だって連中がさ、景気がよくて仕事が忙しいときに、ゴルフに行くだろ？　ちょっとたってみたら、今度は不景気の波だ。そしたらどうだい、仕事がなくてヒマなのにゴルフに行かなくなっちまった。

仕事が楽しきゃ、忙しいときは嬉々として仕事をして、ゴルフなんか行く気にもならないはずなんだよ。ゴルフなんか、「景気がよくなりませんなぁ。こうヒマじゃ、ゴルフにでも行くしかないですねぇ」ってやるもんじゃないのかよ、本来は。

よっぽど仕事がつまんないんだろうな。そんなんだから、目先の小金稼ぎにしか楽しみがなくなって、不祥事、不手際があとを断たないんじゃないのか。

俺なんか、二日も三日も機械をいじらないで休めって言われたら、疲れちゃって疲れちゃって、どうしようもないね。仕事のことを「あでもない、こうでもない」って考えてるのが好きなんだよ。何か思いついたら、夜中だって起きて、機械をいじってるもん。

俺から仕事をとったら何も残んねぇよ。それは俺がいちばんよく分かってるんだ。仕事をやらなきゃ、俺には何の価値もないんだよ。ほんとのことだよ。江戸っ子はつまんない謙遜なんかしねぇんだ。

仕事以外のことで言ったら、みんな俺よりはるかに上だよ。学問はあるし、知識もある。これはいつも思ってることだし、正直な気持ちだね。だけど、学問があるから、知識があるから、ここで頑張んなくても、あっちで食えるって気持ちが出てきて、仕事も好きになれないんじゃないのかな。

俺は、「もう、これしかねぇ」ってところにいる。これを手放しちまったら、絶体絶命だと思って、仕事をしてるからね。その覚悟が仕事をおもしろく、楽しくしてくれるんだよ。

成功した仕事にこだわらない「見切り千両」

俺がプレスの自動機を考えたのは、儲けるためだった。高度成長期で景気がよかったころのプレス屋は、効率よく儲かる仕事しかしなかったんだ。前にも言ったけど、俺はプレス屋の仕事を盗《と》る気はなかったから、引き受けたのは、やつらがやらない儲からない仕事ばかり。みんなが捨てた安い仕事を拾ってたわけだ。

もちろん、いままでのやり方じゃ、儲かりっこない。だから、俺はプレス機を完全自動化にすることを考えた。自動化なんてほかじゃできない、俺にしかできないって思ってたからね。自動化しちゃえば、人手がいらないんだから単価が安くたって商売になる。競争相手がいないから、値段もうちで決められたし、仕事もどんどん出てきたね。

自動機をつくる技術は、それからも儲けを生んだ。プラントは引く手あまただった。自動機のプラントなんて、金型屋にもプレス屋にも工作機械メーカーにもできないんだ。だったら、それを使って自分のところで製品をつくって売れば、儲かると思うだろ？

確かに、工場を広げて、人も機械も増やして、製品をつくっていけば儲かるんだよ。ふつうはそこで、儲けるだけ儲けてやろうって考えるもんなんだ。

だけど、俺は先を読んだね。

儲かるとなったら、ほかの会社も同じような製品をつくろうとするだろ？　必然的に価格競争が起こってくるんだよ。

人も雇って、設備投資もしてるところに、値段が下げられるってことになったら、利益率はがた落ちだよ。立ち行かなくなるのは目に見えてるじゃないか。

だから、俺は人ができない新しいプラントをつくったら、価格競争が起こる前に見切りをつけて、プラントごと売っちまうんだ。プラントにはプレス機代や金型代のほかに、付属品・潤滑油代、そして俺のノウハウ代が入ってるから、いい値段になる。五〇〇〇万円から一億円ってところかな。

いずれはマネするところも出てくるけど、こっちはもうやめちまってるんだから、関係ないね。そのときは、別の新しい技術開発に取り組んでるってわけだよ。

仕事でひとつ成功すると、どうしてもそれにしがみ付きたくなるもんなんだ。

「こんなに儲かってるのに、なんでいま手放さなきゃなんねぇんだ」ってね。それで見切りどきを誤っちまう。大儲けして浮かれてたのが、一年後、二年後には見る影もなくなってるっていうケースがごまんとあるよ。

人より先につくって、早く儲けて、見切りどきを間違えないでやめる。まさに「見切り千両」、世渡り力をたっぷり学んだ、俺の商売の鉄則だね。

仕事道具にこだわりを持っているか

うちの工場は〝風通し〟がいいよ。俺はいまいるメンバーを信頼しているし、実際、みんな真面目で仕事をよくやってくれる。俺はいちいちうるさいこと言わないしね。社歌だって「スーダラ節」だ。

だけど、俺はひとつだけ決めてることがあるんだよ。

俺が使う機械は、絶対社員には触らせないってのがそれだ。

昔はいろんな職人がいた。気が向かなきゃ勝手に仕事を休むし、一週間ずっと来ないことだってある。ロクでもないのがいたんだよ。使うほうは大変だよな。あてにできねぇんだからさ。

そんな気風だから、機械の使い方だって想像がつくだろ？　職人にとっちゃ、会社の機械はレンタカーと一緒なんだ。皆も分かると思うけど、自分の車とレンタカーじゃ、扱い方が違ってくるだろ？　自分の車は大切に扱っても、レンタカーには気なんか使わねぇや。会社の機械だと思うから、いい加減に扱うわけだよ。

そうすると、精度が悪くなっちゃうんだよ。そいつらは一生俺の会社にいるつもりなんかないから、そんなことはおかまいなしでも、俺はガタガタ、ボロボロにされた機械を使わなきゃなんなくなる。冗談じゃねぇっての！

だから、俺は職人を雇ったら、最初にこう言ってた。

「おまえたちの機械は向こうのやつだ。こっちは俺のだから、絶対使うなよ」

当時、自分の機械と社員の機械を分けてる工場なんかなかった。**皆「変わってんな」と思ったろうけど、いい仕事をするためには、環境から整えなきゃダメなんだよ。**

親父から会社を受け継いだとき（受け継いだといっても、「親父、俺が社長やるから、辞めてくれ」っていう無理やりのクーデターみたいな〝交代劇〟だったんだけど）、七人か八人いた社員を全員クビにした。

俺がいきなり、「今日から社長だ」ってことじゃ、親父についていた社員もやりにくいだろうと思ったし、なかには半端な仕事しかしない社員もいたからね。その何人かを辞めさせるより、全員のほうがいっそスッキリしてるし、不公平にもならないだろ？

それからは一人でやった。俺は全部できたからね。ふつうの社長は、人を使って仕事をさせて頭をハネるだけで自分じゃできないってのが多いけど、自分で何から何までできりゃ、一人のほうが気がラクなんだよ。へたな職人を雇ったら、こっちが泣かされることになるんだからさ。

三年、四年はそんな時期が続いたんだ。

若かったから、夜も一〇時、一一時まで仕事をした。かみさんがよく言ってたな。

「うちの仕事はキャバレーみたいね。昼間はうろちょろしてて、夜になったら調子が出るんだから……」

おっしゃる通り。言いえて妙ってやつだ。その後は人を雇うようになったけど、いまのメンバーに固まるまで、職人もいろいろ入れ替わって、人には苦労させられたよ。それも世渡り力を養ってくれたと思ってるけどね。

「いつか報われればいい」じゃダメだ！

俺は生きてる間に旨いものを食いたいと思ってる。いい洋服も着たいし、誰も乗れないような車にだって乗りたいんだ。なんでそんなことを言うかっていえば、いくら旨いものが食えたり、いい思いができるだけの状況になったって、生きているうちじゃないと意味がないからだよ。

芸術家には、死んでずいぶんたってから評価される人が少なくないだろ？　ゴッホだってモディリアニだって作品に何一〇億円もの価値がついてるけど、みんな死んでからの評価だよ。生きてる間は、食うや食わずってくらいの不遇をかこってたんだからさ。

俺はそんなのまっぴら。そんなんじゃ目も当てられないって言うんだよ。生きてるいまの俺に、俺の仕事に値段をつけてもらわなきゃ、たまらないね。

だって、それだけ頑張ってるんだから、懸命に生きてるんだからよ。

「あんたが頑張ってるのは分かってる。だけど、評価はもうちょっと待ってくれ」と言われたって、俺は納得できない。「評価は後世の史家に委《ゆだ》ねる」なんてのは、その場逃れの政治家のセリフなんだ。

墓の前に旨いものを供えられたって、上等の背広を着せかけられたって、死んじまってるんだから、ちっとも嬉しくなんかねぇよ。いくらお金をもらったって、車も買えなきゃ、海外旅行にも行けやしないじゃないか、そうだろ?

皆も、「いまの頑張りが、努力が、いつか報われればいい」なんて悠長なことを言ってちゃダメなんだ。

頑張ったら、それを評価してもらうために何だってするべきなんだ。俺が口を酸っぱくして「世渡り力を鍛えろ」っていうのは、そのためでもあるんだよ。

「誰かが認めてくれるまで待ってよう」じゃなくて、認めさせるために、人脈でも、コネでも、自分が持ってる芸でも、何でも使えばいい。何でも使って自分をアピールするんだよ。

どうやったらいちばんアピールできるかを探すんだ。

俺はプレスを始めたとき、ほかのプレス屋がそっぽを向く、「安くて誰もやらない仕事」

使えるものは何でも使え！
世渡り力を鍛えて
いい仕事をしてくれよ

ばかりやった。いろんな事情があったってこともあるけど、それがアピールにもなったと思うね。ほかがやらないいんだから、俺のところに持ってくるしかないだろ？　それを受けてきちんと仕事をこなしてれば、

「岡野さんのところは、何でもやってくれるし、仕事もしっかりしている」

ってことになるんだよ。そんな評判は伝わっていくから、うちも頼む、うちのもやってくれって具合に仕事が広がっていくんだ。

どんなに安くても、自動化したから儲かった、人手がかからないんだから。ほかと同じようなプレスの仕事を当たり前に始めてたら、アピールできるどころか、業界から干されて、エライ目に遭ってたかもしれねぇな。

一所懸命努力して、仕事のレベルを高めることは大事だよ。だけど、それをアピールすることもおんなじように大事なんだ。そのことは覚えておいて欲しいんだよ。

最後までつきあってくれてありがとう。

本書は2008年に弊社より刊行された
『人生は勉強より「世渡り力」だ!』(青春新書インテリジェンス)を
再編集のうえ、愛蔵版として刊行したものです

著者紹介

岡野雅行（おかの　まさゆき）

1933年、東京都墨田区生まれ。45年、向島更正国民学校卒業。社員４人の町工場・岡野工業株式会社を経営、代表社員を名乗る。

「誰にもできない仕事」と「安すぎて人が敬遠する仕事」をモットーとし、針穴の直径が0.08ミリという世界一細い「痛くない注射針」の量産化や、携帯電話の小型化に貢献したリチウムイオン電池ケースにより、「世界一の職人」「金型の魔術師」として知られる。NASAをはじめ世界的大企業からも注文が押し寄せるなか、これまで家電、パソコン機器、医療機器など多くの金型をつくる。

2004年、旭日雙光章を受章。


人生《じんせい》は勉強《べんきょう》より「世《よ》渡《わた》り力《りょく》」だ！

2014年8月10日　第１刷

著　者　岡《おか》野《の》雅《まさ》行《ゆき》
発行者　小澤源太郎

責任編集　株式会社 プライム涌光
電話　編集部　03（3203）2850

発行所　株式会社 青春出版社
東京都新宿区若松町12番１号 〒162-0056
振替番号　00190-7-98602
電話　営業部　03（3207）1916

印刷　共同印刷　　製本　大口製本

万一、落丁、乱丁がありました節は、お取りかえします。

ISBN978-4-413-03923-9 C0030

ケタ違いに稼ぐ人はなぜ、「すぐやらない」のか？
〈頭〉ではなく〈腹〉で考える！思考法
臼井由妃

「いのち」が喜ぶ生き方
矢作直樹

人に好かれる！ズルい言い方
お願いする、断る、切り返す…
樋口裕一

中学受験は親が9割
西村則康

不登校から脱け出すたった1つの方法
いま、何をしたらよいのか？
菜花　俊

青春出版社の四六判シリーズ

キャビンアテンダント5000人の24時間美しさが続くきれいの手抜き
清水裕美子

※以下続刊

お願い　ページわりの関係からここでは一部の既刊本しか掲載してありません。
折り込みの出版案内もご参考にご覧ください。